रिस्क है तो इश्क है !

नमस्कार दोस्तों,

मैं **शीतल बाखरे।** आज मैं जिस मक़ाम पर हु उसके पीछे मेरी कठोर मेहनत और परिश्रम है। किसी चीज को हासिल करने के लिए दिन और रात का अभ्यास है। आज मुझे महसूस होता है की मेरी लगन, मेरी मेहनत रंग ला रही है। आज के दौर में पैसा कमाने के लिए स्टॉक मार्केट एक बहोत अच्छा जरिया बनकर सामने आया है। कई लोग स्टॉक मार्केट में पैसा लगाकर बहोत ही अच्छी कमाई कर रहे है। लेकिन इस बात को अगर सही तरीके से सोचा जाए, तो उनकी इस सफलता के पीछे भी निरंतर अभ्यास, गहरा ज्ञान छिपा हुआ है। स्टॉक मार्केट में कई लोग असफल हुए है। मेरे पास कई ऐसे लोग भी आते है, जिन्हे स्टॉक मार्केट में भरी नुकसान उठाना पड़ा। बात तो सही है, क्योंकि स्टॉक मार्केट को समझे बिना अगर आप निवेश करते है, तो वो गलत होगा। सिर्फ पैसो की लालच रखकर अगर आप स्टॉक मार्केट में प्रवेश करते हो, तो वो भी गलत होगा। हमारी मेहनत कमाई हुई पूंजी अगर हम स्टॉक मार्केट में लगा रहे है, तो सबसे पहले हमें क्या करना होगा? जी हाँ, हमें इस क्षेत्र का पूरा ज्ञान प्राप्त करना होगा। स्टॉक मार्केट क्या है, ये समझना होगा। हर रोज जहाँ हजारो करोडो रुपयों का व्यवहार होता है, ऐसे महासागर जैसे स्टॉक मार्केट में सफलता पाने के सबसे पहले इस मार्केट को जानना होगा। इसमें सफलता के तरिके सीखने होगे। मेरे पास जब भी कोई अपनी समस्या, अपना प्रॉब्लम लेकर आता है, तो सबसे पहले मैं यही बात उसको समझती हूँ।

आज मैं सक्सेसफुल स्टॉक मार्केट विश्लेषक, स्टॉक मार्केट ट्रेनर बन गयी हूँ। कई लोगो को स्टॉक मार्केट का सही नॉलेज दे रही हूँ। मेरे ऑनलाइन क्लासेस में नॉलेज पाने के बाद, आप भी एक सक्सेसफुल ट्रेडर बन सकते है। आज मैं यहाँ

इस बुक में आपको स्टॉक मार्केट फंडामेंटल रिसर्च और एनालिसिस, टेक्नीकल एनालिसिस, कम्पनीज का इतिहास, फायदेमंद स्टॉक्स कैसे पहचाने, स्टॉक ट्रेडिंग के दौरान कौनसा स्टॉक खरीदना है, कम्पनीज का प्रॉफिट और लॉस स्टेटमेंट क्या होता है इसके बारे में बताने जा रही हूँ। इसीके साथ मैं अपनी कहानी भी आपके साथ शेयर कर रही हूँ। मैं आशा करती हूँ की, यह बुक आपको निश्चित ही सफलता की राह पर लेकर जाएगी और एक सक्सेसफुल ट्रेडर बनाएगी।

ये मेरी कहानी है, जो आपको **स्टॉक मार्केट** के रहस्यमय दुनिया का सफर कराती है। आज से कई साल पहले मैंने स्टॉक मार्केट की तकनीकें सीखने का निर्णय लिया। एक दिन अपने दोस्तों के साथ बिजनेस से जुड़ी बातचीत करते हुए स्टॉक मार्केट की बात निकली थी। एक दोस्तने मुझसे सवाल किया, क्या तुमने कभी स्टॉक मार्केट में निवेश करने का सोचा है? मुझे यह सवाल थोड़ा अजीब लगा क्योंकि मेरे पास इसके बारे में कोई ज्ञान नहीं था। लेकिन फिर मैंने ठान लिया की इस अनोखे मार्केट की पूरी जानकारी ली जाए। इस विषय में गहरा ज्ञान होना आवश्यक है। उस दिन से मेरी रुचि स्टॉक मार्केट में और भी बढ़ गयी। मैंने इंटरनेट पर खोज करना शुरू किया और स्टॉक मार्केट के बारे में जानकारी जुटाने का प्रयास किया। मैंने कुछ अच्छी किताबें पढ़ी। जिन लोगोने आज तक स्टॉक मार्केट में निवेश करके अच्छी खासी कमाई की है, उनके बारे में पढ़ा। वो लोग कौनसी तरकीबे अपनाते थे, इसकी जानकारी ली। फिर मैंने कुछ अच्छी तकनीकें सीखीं, परंतु विषय को और भी गहराई से जानने के लिए मैंने स्टॉक मार्केट से जुडी सभी किताबो का अभ्यास किया। इस दौरान, मैंने चार्ट विश्लेषण, फंडामेंटल एनालिसिस, टेक्निकल एनालिसिस की बुनियादी बातें सीखीं। स्टॉक मार्केट में पहले कदम पर ना जाने कितने मुश्किलों का सामना करना पड़ता है। मैंने अपने पहले निवेश में बहुत सी गलतियां की थी, लेकिन उन्हें मैंने अपने अभ्यास के एक अंग के रूप में देखा। मेरी गलतीयों ने मुझे बहुत कुछ सिखाया। मैंने अपने गलतियों से निरिक्षण करने के बाद,

अपने निवेश रणनीतियों को सुधारने का निर्णय लिया। धीरे-धीरे, मैंने अच्छे और सुरक्षित निवेश के लिए एक सोची समझी रणनीति बनाई। मैंने अपनी शुरुआती निवेशों को समझने के लिए डेमो ट्रेडिंग अकाउंट बनाया और वहां पर अपनी जानकारी के साथ प्रैक्टिस करना शुरू किया। समय के साथ, मैंने अपनी गलतियों से सीखा और अपने ट्रेडिंग स्ट्रैटेजी को समृद्धिपूर्ण बनाने का प्रयास किया। मेरा ज्ञान बढ़ाने के लिए, मैंने बिजनेस न्यूज़, बाजार की रिसर्च और आर्थिक ट्रेंड्स का अध्ययन किया। समय के साथ, मेरी निवेश समझदारी से बढ़ती गयी। मैंने अच्छे कंपनियों का अध्ययन किया और धीरे-धीरे उनमें निवेश करना शुरू किया। ऐसे ही दिन, महीने बीतते गये। मैने भी मेरी स्टडी को और बढा दिया। स्टॉक मार्केट की हर पोझिशन पर मेरी नजर थी। मार्केट उपर गया तो कैसे गया और मार्केट बहोत तेजी से गिर गया तो उसकी वजह क्या थी, इन बातो पर मेरा पूरा ध्यान था। स्टॉक में गिरावट कैसे आता है, इस बात को मैने पूरे गहराई से जानने की सफल कोशिश की। कुछ ही सालो में मैने अपनी कुछ विशिष्ट स्ट्रैटेजीज का आविष्कार किया। उसमे झिरो लॉस स्ट्रॅटेजी, मनी मॅग्नेट स्ट्रॅटेजी, रॅट स्ट्रॅटेजी बहोत ही असरदार है। ये सारी प्रॉफिट देनेवाली स्ट्रॅटेजीज है। मैंने सीखा है की, सफलता का सबसे बड़ा रहस्य है - निरंतरता और सीखने की इच्छा।

दोस्तों, **स्टॉक मार्केट** में सीखना एक लम्बा सफर है, लेकिन इस सफर ने मेरी जिंदगी को बदल दिया। स्टॉक मार्केट के माध्यम से मैंने निवेश का महत्व सीखा और अपने वित्तीय लक्ष्यों की प्राप्ति के लिए एक नया माध्यम पाया। आज, मैं अपनी स्टॉक **मार्केट** जानकारी को लोगों में शेयर करती हूँ। मार्केट में नए नए आए लोगों को निवेश के लाभों के बारे में सिखाती हूं। अभी कुछ महीने पहले मुझे बेहतर ट्रेनिंग और नॉलेज की वजह से नॅशनल स्टॉक एक्स्चेंज (NSE) द्वारा गुणवत्ता का सर्टिफिकेट मिला है। मेरा यह सफर मुझे यह सिखाता है की, जब कभी हम नए चुनौतियों का सामना करते हैं और मेहनत करते हैं, तो हम अपने लक्ष्यों को हासिल

कर सकते हैं। आप भी स्टॉक मार्केट द्वारा अच्छी कमाई कर सकते है। आज ही हमारे स्टॉक मार्केट क्रॅश कोर्स, **INTRODUCTION COURSE**, ऑनलाइन क्लासेस के माध्यम से एक से बढकर एक अलग अलग टेक्निक्स को सिखे और हर दिन बडी कमाई करें।

धन्यवाद...!

भाग १ : फंडामेंटल एनालिसिस क्या होता है?

जब आप किसी कंपनी के शेयर, बिजनेस या किसी प्रॉपर्टी में पैसा लगाते हैं तो उससे पहले आप उस पर अच्छे से रिसर्च करते हैं ताकि आपको अपनी **investment** पर सही वैल्यूएशन मिल सके और भविष्य में आप अपने निवेश पर अच्छा प्रॉफिट कमा सकें।

यही रिसर्च जो आप किसी बिजनेस की सही वैल्यू निकालने के लिए करते हैं उसे ही मौलिक विश्लेषण या फंडामेंटल एनालिसिस कहते हैं।

शेयर मार्केट में जब आप किसी कंपनी का शेयर खरीदते हैं तो उस कंपनी के स्टॉक की फंडामेंटल एनालिसिस करना बहुत जरूरी होता है। क्योंकि शेयर की फंडामेंटल एनालिसिस करने से आपको पता चलता है की –

- कंपनी की आर्थिक स्थिति कैसी है ।
- कंपनी के फ्यूचर प्लान्स क्या है ।
- उसके बिजनेस मॉडल में दम है या नहीं
- और वह कंपनी भविष्य में कैसा परफॉर्म कर सकती है।

इसके अलावा आपको Fundamental Analysis करने से बहुत सारी चीजें ऐसी पता चलती है जो हमें दूर से नहीं दिखती, इसके बारे में हम आगे विस्तार से बात करने वाले हैं।

फंडामेंटल रिसर्च करने से आपको शेयर की इंटरिंसिक वैल्यू तो पता चलती ही है जिससे आप सही कीमत पर investment कर पाते हैं। लेकिन इसके साथ साथ आपको कंपनी के अंदर की चीजें भी पता चलती हैं जो कोई नहीं बताता। आज आप जानेंगे की -

- फंडामेंटल एनालिसिस क्या होता है ।
- शेयर की फंडामेंटल एनालिसिस कैसे करते हैं ।

<u>भाग 2 : फंडामेंटल एनालिसिस के फायदे</u>

- कंपनी के फंडामेंटल कैसे चेक करें ।
- और फंडामेंटल एनालिसिस करने के क्या-क्या फायदे हैं?

आइए सबसे पहले जानते हैं की – फंडामेंटल एनालिसिस क्या होती है?

किसी भी इन्वेस्टमेंट (**STOCKS**, प्रॉपर्टी, बिजनेस) की सही वैल्यू (intrinsic value) पता करने के लिए आप जो रिसर्च या मौलिक विश्लेषण करते हैं उसे ही फंडामेंटल एनालिसिस कहते हैं। शेयर मार्केट में **FUNDAMENTAL ANALYSIS** करने के लिए आपको कंपनी पर रिसर्च करना पड़ता है।

दूसरे शब्दों में, बिजनेस की सही वैल्यू पता करने के लिए आप उस व्यापार का जो विश्लेषण करते हैं उसे ही हम मौलिक विश्लेषण कहते हैं।

फंडामेंटल एनालिसिस का अर्थ होता है की आप जो निवेश कर रहे हैं वह सस्ता है या महंगा, इसी का पता लगाने के लिए आपको कुछ चीजों का **analysis** करना पड़ता है।

शेयर की फंडामेंटल एनालिसिस करने का क्या मतलब है?

फंडामेंटल एनालिसिस वह तरीका है जिसके द्वारा आप को किसी शेयर की सही वैल्यू का पता चलता है। किसी कंपनी के शेयर फंडामेंटल एनालिसिस करने का मतलब है उसके मैनेजमेंट, बिजनेस मॉडल, बैलेंस शीट, फाइनेंशियल स्टेटमेंट को पढ़कर कंपनी का सही वैल्यूएशन पता करना है।

शेयर बाजार में 2 तरीके के एनालिसिस होते हैं - फंडामेंटल एनालिसिस और टेक्निकल एनालिसिस ।

भाग 3 : कंपनी की वितीय स्थिति

अगर आप लॉन्ग टर्म इन्वेस्टमेंट करते हैं तो शेयर का फंडामेंटल एनालिसिस करना पड़ता है और अगर आप ट्रेडिंग करते हैं तो टेक्निकल एनालिसिस करना होता है।

आज हम सिर्फ फंडामेंटल एनालिसिस पर ही बात करेंगे।

फंडामेंटल एनालिसिस करना क्यों जरूरी है?

फंडामेंटल एनालिसिस करना इसलिए जरूरी है ताकि

1. कंपनी की वितीय स्थिति पता चल सके।
2. भविष्य में शेयर प्राइस की ग्रोथ का अनुमान लगा सके।
3. किसी घटिया शेयर में निवेश करने से बच सकें।
4. लॉन्ग टर्म में अपने निवेश पर अच्छे रिटर्न प्राप्त करें।
5. स्टॉक का सही वैल्यूएशन निकाल सकें।
6. उचित मूल्य पर शेयर को खरीद सकें।
7. उस समय स्टॉक में निवेश कर पाए जब कंपनी मार्केट कॅप बहुत छोटा हो।
8. कंपनी की फ्यूचर योजनाओं का पता कर सकें।
9. मैनेजमेंट एनालिसिस कर सकें।
10. शेयर (STOCK) की फंडामेंटल एनालिसिस करते समय इन सभी पॉइंट्स का ध्यान रखना बहुत जरूरी है।

आपको यह समझना बहुत जरूरी है कि फंडामेंटल एनालिसिस करने की जरूरत क्यों पड़ती है? क्या इसके बिना हम इन्वेस्टमेंट नहीं कर सकते तो इसके लिए आपको दो चीजों को समझना बहुत जरूरी है ।

पहला है PRICE और दूसरा है VALUE

आप कहीं पर भी निवेश करें, यह दो ही चीजें होती है एक तो जो PRICE आप किसी सिक्योरिटी को खरीदने के लिए करते हैं और दूसरा आपको उसके बदले में कुछ VALUE मिलती है।

भाग 4 : अच्छा निवेश क्या है?

ध्यान दीजिए- अगर आपको अपने PRICE की तुलना में अधिक VALUE मिलती है तो वह अच्छा निवेश है और अगर प्राइस कितना में वैल्यू कम मिलती है वह एक घटिया INVESTMENT होगा जिसके कारण आपको नुकसान भुगतना पड़ेगा।

और यहीं पर फंडामेंटल एनालिसिस काम आती है।

अगर आप अपने PRICE पर सही VALUE पाना चाहते हैं तो आपको फंडामेंटल एनालिसिस करना सीखना होगा।

ना सिर्फ शेयर में बल्कि आप कहीं पर भी इन्वेस्टमेंट करें यह आपको हर जगह काम आएगा।

आइए एक उदाहरण देखते हैं -

मान लीजिए आप किसी PROPERTY या **REAL ESTATE** में पैसा लगा रहें हैं तो उसमें आपको कई चीजों को देखना पड़ता है जैसे -

- वह प्रॉपर्टी कैसी लोकेशन पर है ।
- उसका एरिया MATTER करता है ।
- उसकी कंस्ट्रक्शन किस प्रकार से हुई है ।
- उस क्षेत्र में सड़कें कैसी हैं ।
- अगर कमर्शियल प्रॉपर्टी हैं, तो उस हिसाब से देखना पड़ेगा।

इन सब चीजों को देखने के बाद आप उस प्रॉपर्टी की तुलना उसी क्षेत्र की अन्य प्रॉपर्टी से करते हैं। दोनों की तुलना करने पर शायद आपको पता चलता ही की दूसरी प्रॉपर्टी इसके मुकाबले ज्यादा अच्छी है। क्योंकि उसमें -

दोनों प्रॉपर्टी का प्राइस SAME है लेकिन दूसरी वाली में एरिया थोड़ा ज्यादा मिल रहा है ।

भाग 5 : फंडामेंटल कैसे चेक करें?

उसकी लोकेशन भी बढ़िया है क्योंकि मार्केट भी पास है, स्कूल भी पास है, हॉस्पिटल के पास है, मेट्रो स्टेशन के पास है। तो इन सभी फैक्टर्स को देखने के बाद आपको दूसरी प्रॉपर्टी ज्यादा अच्छी लगती हैं जबकि पहले आप कोई और प्रॉपर्टी लेनेवाले थे लेकिन Peer comparison करने पर आपका विचार चेंज हो गया। और इन सभी चीजों को देखने के बाद आप दूसरी प्रॉपर्टी में INVESTMENT करने का फाइनल निर्णय लेते हैं।

तो देखा आपने जिस तरह से रियल एस्टेट या प्रॉपर्टी खरीदते समय बहुत सारी चीजों को देखना पड़ता है उसके बाद ही हम investment करते हैं ठीक इसी तरह स्टॉक मार्केट में share खरीदते समय भी आपको बहुत सारी चीजों को देखना पड़ता है तभी आप एक अच्छा शेयर खरीद सकते हैं।

और इन सब चीजों को देखने और चीजों को analyse करने की प्रक्रिया को ही हम फंडामेंटल एनालिसिस का नाम देते हैं।

कंपनी के फंडामेंटल कैसे चेक करें?

फंडामेंटल चेक करने से पहले आपको यह पता होना जरूरी है की असल में फंडामेंटल का अर्थ क्या होता है?

तो किसी भी कंपनी के फंडामेंटल चेक करने का मतलब यह है की आपको पता चल सके की -

- उस कंपनी की वित्तीय स्थिति कैसी है ।
- मैनेजमेंट कितना ईमानदार है या नहीं ।
- कंपनी कितने मुनाफे या घाटे में ।
- कंपनी का बिजनेस प्रॉफिटेबल है या नहीं ।
- कंपनी अपने लोन को चुकाने में समर्थ है या नहीं ।

भाग 6 : कंपनी का बिजनेस मॉडल

इसके अलावा बहुत सारी चीजें कंपनी के फंडामेंटल चेक करने से पता चलती हैं।

शेयर मार्केट में किसी कंपनी के शेयर के फंडामेंटल कैसे चेक करें -

1. कंपनी का बिजनेस मॉडल समझने की कोशिश करो।
2. इंडस्ट्री एनालिसिस करो।
3. बाजार में उसके अन्य competitors से तुलना करो।
4. चेक करो की कंपनी किस प्रोडक्ट से कितना रिवेन्यू कमा रही है।
5. चेक करो की प्रॉफिट मार्जिन कितना है।
6. उस सेक्टर में कंपनी का मार्केट शेयर कितना है।
7. उस सेक्टर की सबसे बड़ी कंपनी कौन सी है।
8. शेयर के फाइनेंशियल स्टेटमेंट पढ़ें।
9. फाइनेंशियल रेश्योज देखें।
10. देखो की कंपनी अपने कैश का किस तरह से उपयोग कर रही है।
11. देखो की सेल्स और प्रॉफिट कितनी तेजी से बढ़ रहे हैं।
12. कंपनी का मैनेजमेंट एनालिसिस करो।
13. पता करो की कंपनी रेवेन्यू बढ़ाने के लिए क्या कर रही है।
14. कंपनी की वार्षिक रिपोर्ट पढ़ो।
15. तिमाही नतीजे देखो।
16. कंपनी के भविष्य की योजनाओं के बारे में पता करो।
17. कंपनी के बिजनेस में क्या कमियां है, वह पता करो।
18. प्रमोटर्स की शेयर होल्डिंग जरूर देखो।

ऊपर बताए गए सभी points शेयर की फंडामेंटल एनालिसिस करने के लिए बहुत जरूरी है। इनकी मदद से आप कंपनी के फंडामेंटल चेक कर सकते हैं। फंडामेंटल एनालिसिस में क्या-क्या आता है?

किसी कंपनी के शेयर की फंडामेंटल एनालिसिस करते वक्त बहुत सारी चीजें देखना पड़ती है ।

भाग 7 : कंपनी की बैलेंस शीट

1. शेयर की इंटरिंसिक वैल्यू पता करना।
2. फाइनेंशियल रेश्योज देखना।
3. कंपनी की बैलेंस शीट चेक करना।
4. प्रॉफिट एंड लॉस स्टेटमेंट देखना।
5. कैश फ्लो स्टेटमेंट analyse करना।
6. प्रॉफिट और सेल्स ग्रोथ का एनालिसिस करना।

इसके अलावा भी फंडामेंटल रिसर्च में बहुत सारी चीजें आती हैं लेकिन इतनी चीजें मुख्य हैं और इनसे 90% स्टॉक एनालिसिस कंप्लीट हो जाती है। मतलब इतना तो पक्का है की, अगर आप ऊपर बताइए सभी **POINTS** को अप्लाई करते हैं तो आप अच्छी कंपनी का शेयर खरीद पाएंगे।

आगे मैं इन सभी **POINTS** के बारे में विस्तार से बात करनेवाली हूं।

फंडामेंटल एनालिसिस कितने प्रकार की होती है?

फंडामेंटल एनालिसिस दो प्रकार की होती है -

1. **QUALITATIVE ANALYSIS :**

जब फंडामेंटल एनालिसिस कंपनी के बिजनेस मॉडल, ब्रांड वैल्यू, लीडरशिप, मोनोपोली, कंपनी की परफॉर्मेंस आदि के आधार पर की जाती है तो उसे **Qualitative Analysis** कहते हैं।

2. **QUANTITATIVE ANALYSIS:**

जब फंडामेंटल एनालिसिस करते समय बैलेंस शीट, कैश फ्लो स्टेटमेंट, प्रॉफिट एंड लॉस स्टेटमेंट और फाइनेंशियल रेश्योज analyse करते हैं तो उसे Quantitative Analysis कहा जाता है।

भाग 8 :   मल्टीबैगर शेयर की पहचान

फंडामेंटल रिसर्च के दौरान आपको इन दोनों एनालिसिस से होकर गुजरना पड़ता है तभी आप अच्छे मजबूत फंडामेंटल वाले शेयर पहचान सकते हैं। शेयर की फंडामेंटल एनालिसिस कैसे करें?

किसी कंपनी के शेयर की फंडामेंटल एनालिसिस करने के लिए नीचे मैं आपको एक चेकलिस्ट दे रहा हूं जिसको फॉलो करके आप मल्टीबैगर शेयर पहचान सकते हैं।

इस चेकलिस्ट में हमने कुछ पॉइंट include किये हैं जिनकी मदद से आप STEP BY STEP FUNDAMENTAL ANALYSIS कर पाएंगे।
आइए अब सभी पॉइंट को एक-एक करके जान लेते हैं –

1. कंपनी का बिजनेस मॉडल समझने की कोशिश करें।
2. मैनेजमेंट एनालिसिस करें।
3. Financial Ratios देखें।
4. फाइनेंसियल स्टेटमेंट पढ़ें।
5. प्रॉफिट और सेल्स ग्रोथ देखें।

1. कंपनी का बिजनेस मॉडल समझने की कोशिश करें।

फंडामेंटल एनालिसिस का सबसे पहला स्टेप है कंपनी का बिजनेस मॉडल समझना। क्योंकि अगर आपको कंपनी का बिजनेस है समझ नहीं आता है तो उसमें इन्वेस्ट करने का कोई फायदा नहीं है।

दुनिया के सबसे अमीर इन्वेस्टर WARREN BUFFET का भी यही नियम है मतलब जब तक कंपनी का बिजनेस समझ नहीं आता तब तक वह उसका शेयर कभी नहीं खरीदते।

भाग 9 : क्या है BUYING OPPORTUNITY?

अगर आपको कंपनी का बिजनेस पता होगा तो शॉर्ट टर्म में कंपनी के शेयर प्राइस में हो रहे उतार-चढ़ाव से आपको फर्क नहीं पड़ेगा। अगर शेयर प्राइस बहुत ज्यादा गिरता भी है तो आपको उसके पीछे का कारण पता होगा और ऐसे में बहुत सारे लोग डरकर पैनिक selling कर रहे होंगे जबकी वह आपके लिए एक **BUYING OPPORTUNITY** होगी।

लेकिन अगर आपको भी बाकी लोगों की तरह कंपनी क्या करती हैं और कंपनी का बिजनेस कैसे काम करता है यही पता नहीं होगा तो आप बाकी लोगों की तरह गिरावट के वक्त उस share को नुकसान में बेच देंगे।

स्टॉक मार्केट में अधिकतर लोगों को नुकसान सिर्फ इसलिए होता है क्योंकी कंपनी का बिजनेस नहीं पता होता फिर भी वह सिर्फ दूसरे लोगों को देखकर उसमें इन्वेस्टमेंट कर देते हैं और बाद में जब उस शेयर में गिरावट होती है तो कम प्राइस पर बेचकर अपना loss कर बैठते हैं।

अब सवाल यह आता है कंपनी का बिजनेस मॉडल कैसे समझें तो इसके लिए आपको -

- ✓ चेक करना होगा की कंपनी पैसा कैसे कमाती है।
- ✓ देखो की कंपनी का रेवेन्यू किस प्रोडक्ट से कितना आता है।
- ✓ इस प्रोडक्ट को बनाने की लागत कितनी आती है।
- ✓ रिवेन्यू और खर्चों को अच्छे से समझने की कोशिश करें।
- ✓ अगर कोई प्रोडक्ट नहीं दिख रहा है तो उसके पीछे क्या कारण है।
- ✓ देखो की कंपनी अपनी सेल्स को बढ़ाने के लिए क्या कर रही है।

जब आप उपर दी गई बातों पर विचार करेंगे तो आपको किसी भी कंपनी का बिजनेस मॉडल समझने में आसानी होगी।

2. मैनेजमेंट एनालिसिस करें

फंडामेंटल एनालिसिस में कंपनी का मैनेजमेंट एनालिसिस करना बहुत important step होता है। अगर मैनेजमेंट ईमानदार नहीं है तो उस कंपनी पर रिसर्च करने का कोई फायदा नहीं है।

भाग 10 : कंपनी का बैकग्राउंड

आपको सत्यम स्कैम के बारे में तो पता ही होगा जिसमें कंपनी का मैनेजमेंट ईमानदार नहीं था जबकी सभी फाइनेंशियल स्टेटमेंट और बैलेंस शीट बहुत मजबूत थी। लेकिन मैनेजमेंट की नियत खराब होने के कारण पूरी कंपनी डूब गई और इन्वेस्टर्स का पैसा बर्बाद हो गया।

इसीलिए फाइनेंशियल स्टेटमेंट देखने से पहले कंपनी के मैनेजमेंट के लोगों का बैकग्राउंड जरूर चेक कर लें।

उदाहरण के लिए - अगर कोई कंपनी टाटा ग्रुप की है तो हम सभी जानते हैं की टाटा ग्रुप का मैनेजमेंट कितना ईमानदार है। लेकिन कोई अन्य कंपनी जिसमें आपको मैनेजमेंट के बारे में कुछ नहीं पता है उसमें Risk बहुत ज्यादा बढ़ जाती है।

मैनेजमेंट **ANANLYSIS** करने के लिए आपको -

- कंपनी के सभी बोर्ड ऑफ डायरेक्टर्स की एजुकेशन क्वालिफिकेशन चेक करें।
- पता करें की उनका बैकग्राउंड क्या है? मतलब क्या वह किसी अन्य कंपनी में काम कर चुके हैं और अगर हां तो उस कंपनी पर भी रिसर्च करें।
- वार्षिक रिपोर्ट में जाकर मैनेजमेंट की सैलरी देखें।
- कंपनी के टॉप लोग कुल प्रॉफिट के 1% से ज्यादा सैलरी ले रहे हैं तो इसका मतलब है की मैनेजमेंट की नियत साफ नहीं है।

3. FINANCIAL RATIOS

वैसे तो शेयर मार्केट में बहुत सारे **FINANCIAL RATIOS** होते हैं, जिन्हें चेक करके आप अपने निवेश की **ACCURACY** बढ़ा सकते हैं। लेकिन उनमें से 3 फाइनेंसियल रेश्यो सबसे ज्यादा जरूरी होते हैं जिनके बारे में हम आगे बात करनेवाले है -

1. P/E Ratio
2. P/B Ratio
3. Debt to Equity Ratio

भाग 11 : पीई रेश्यो और पीबी रेश्यो का मतलब

P/E RATIO :

पीई रेश्यो का अर्थ है **PRICE TO EARNING RATIO** मतलब आप जो प्राइस दे रहे हैं उसके बदले कंपनी कितना कमा रही है।

पीई रेश्यों को देखकर पता चलता है की शेयर सस्ता है या महंगा, अगर PE RATIO 20 से कम है तो उसे एक अच्छा पीई अनुपात माना जाता है लेकिन आपको हमेशा इंडस्ट्री या SECTOR PE से तुलना करके ही शेयर खरीदना चाहिए।

क्योंकि आपने देखा होगा की हाई ग्रोथ वाली कंपनियों (PIDILITE, ASIAN PAINT) के पीई रेश्यो भी काफी ज्यादा (80, 90, 100) होते हैं लेकिन ऐसे में अगर आप सिर्फ यह देखकर की पीई मंहगा है उनमें इन्वेस्टमेंट ना करें तो यह गलत निर्णय हो सकता है।

जबकी कुछ कंपनियां हैं जिनका पीई रेश्यो बहुत कम है जैसे; COAL INDIA तो अगर आप ऐसी कंपनियों की शेयर प्राइस देखें तो उनमें ज्यादा ग्रोथ नहीं होती है मतलब अगर आपने सिर्फ इनमें LOW PE देखकर निवेश किया होता तो आपको अच्छे रिटर्न नहीं मिलते।

आपने देखा होगा DMART जैसी इतनी बड़ी फंडामेंटल मजबूत कंपनी का PE हमेशा high रहता है यह आपको अक्सर 100 से ऊपर ही देखने को मिलेगा तो इसका मतलब यह नहीं है की DMART शेयर महंगा है तो इसमें इन्वेस्टमेंट नहीं करना चाहिए।

बल्कि आपको यह समझने की कोशिश करनी चाहिए की अगर कोई कंपनी HIGH PE पर ट्रेड कर रही है तो इसका मतलब है की मार्केट को कंपनी की EARNING पर भरोसा है, मतलब बाजार को लगता है की उस कंपनी का प्रॉफिट भविष्य में बढ़ता रहेगा और इसलिए बाजार उस कंपनी को HIGH PE या हाई वैल्यूएशन देता है।

P/B RATIO : पीबी रेश्यो का मतलब है प्राइस टू बुक वैल्यू रेशों। बुक वैल्यू का मतलब होता है अगर कंपनी अपनी सारी लायबिलिटी को चुका दे तो उसके बाद कंपनी के पास जो ASSETS बचेंगे उनकी वैल्यू ही BOOK VALUE कहलाती है। P/B RATIO जितना कम हो उतना अच्छा माना जाता है। लेकिन आईटी कंपनी में आपको हमेशा यह ज्यादा देखने को मिलेगा क्योंकि उनमें TANGIBLE ASSETS बहुत कम होते हैं।

भाग 12 : सबसे जरूरी बात

लेकिन इसका मतलब यह नहीं है की High P/B रेश्यो है तो सभी आईटी कंपनियां बेकार होती हैं। बल्कि आपको यह समझना चाहिए की उनमें **INTANGIBLE ASSETS** ज्यादा होते हैं जैसे - ब्रांड वैल्यू, गुडविल, पेटेंट, लाइसेंस, सॉफ्टवेयर आदि। और इन सभी की कोई फिजिकल वैल्यू नहीं होती है इसीलिए इन कंपनियों के P/B RATIO ज्यादा होते हैं।

इसीलिए जब भी आप दो कंपनियों के P/B Ratio तुलना करें तो ध्यान रखिए की दोनों कंपनियां एक ही सेक्टर की होनी चाहिए।

DEBT TO EQUITY RATIO : यह अनुपात कंपनी में कर्ज की स्थिति को दर्शाता है। अगर डेट इक्विटी रेशों एक से कम है तो अच्छा माना जाता है। लेकिन अगर यह एक से ज्यादा है तो नुकसान के चांसेस बढ़ जाते हैं।

जैसा की नाम से ही पता चलता है की DEBT और EQUITY के अनुपात से मिलकर ही यह बनता है। इस रेश्यों को देखकर पता लगा सकते हैं की कंपनी पर कर्ज ज्यादा है या कम।

यही तीन रेश्यो फंडामेंटल एनालिसिस करते समय सबसे जरूरी होते हैं।

इन 3 ratios के अलावा ROE (रिटर्न ऑन इक्विटी), ROCE (रिटर्न ऑन कैपिटल एंप्लॉयड), CURRENT RATIO, INTEREST COVERAGE RATIO भी जरूर देखें।

4. फाइनेंशियल स्टेटमेंट पढे

फाइनेंशियल स्टेटमेंट में तीन चीजें आती हैं -

1. बैलेंस शीट
2. प्रॉफिट एंड लॉस स्टेटमेंट

भाग 13 - क्या है कैश फ्लो स्टेटमेंट?

कैश फ्लो स्टेटमेंट

बैलेंस शीट - किसी कंपनी की बैलेंस शीट बताती है की उस कंपनी के पास कितने asset और LIABILITY हैं। बैलेंस शीट देखकर आपको पता चलता है की जो कंपनी की बुक वैल्यू है वह किन चीजों की वजह से है। बैलेंस शीट में बहुत इम्पॉर्टन्ट चीज लिखी होती है जैसे -

- ✓ Current and Non-current assets
- ✓ Tangible and Intangible assets.
- ✓ Current and Non-current liabilities
- ✓ Account Recievables
- ✓ Account Payables

बैलेंस शीट पढ़कर आप किसी भी कंपनी की आर्थिक स्थिति जान सकते हैं। इसे देखकर आपको पता चलता है की कंपनी ने कितने शॉर्ट टर्म और लाँग टर्म Loan लिए हुए हैं और क्या कंपनी के पास उतने ऍसेट हैं जिनसे वह इस LOAN की भरपाई कर सकती है।

बैलेंस शीट का फंडामेंटल एनालिसिस करना ही बैलेंस शीट एनालिसिस कहलाता है।

प्रॉफिट एंड लॉस स्टेटमेंट : यह किसी कंपनी का सालाना सेल्स और प्रॉफिट दिखाता है। यह बताता है की -

- कंपनी साल दर साल कितना रेवेन्यू कमा रही है।
- प्रत्येक साल का और ऑपरेटिंग प्रॉफिट कितना है।
- **OPM** (ऑपरेटिंग प्रॉफिट मार्जिन) क्या है।
- EBITDA और **EBITDA MARGIN** क्या है।
- उस साल **DEPRECIATION** और **AMORTIZATIOM** कितना हुआ है।
- नेट प्रॉफिट (शुद्ध लाभ) और नेट प्रॉफिट मार्जिन क्या है।

इस वित्तीय स्टेटमेंट को देख कर आपको पता चलता है की कंपनी हर साल कितनी तेजी से अपना सेल्स और प्रॉफिट ग्रोथ बढ़ा रही है।

भाग 14 – प्रॉफिट एंड लॉस स्टेटमेंट

अगर कंपनी की ग्रोथ नेगेटिव में है तो आपको ऐसी कंपनी में INVEST करने से बचना चाहिए और LOSS करनेवाली कंपनी का तब तक शेयर नहीं खरीदना चाहिए जब तक आपको पूरी तरह से भरोसा ना हो की वह कंपनी भविष्य में मुनाफा कमाएगी।

प्रॉफिट एंड लॉस स्टेटमेंट ANALYSE के बाद अगर आपको लगे की कंपनी हर साल लगातार अपने REVENUE और Profit में तेजी से ग्रोथ कर रही है और PROFIT MARGIN भी HIGH हैं तो आप ऐसी HIGH GROWTH कंपनी का STOCK खरीद सकते हैं।

शेयर मार्केट में किसी कंपनी का फंडामेंटल एनालिसिस करते समय अगर आप उसकी ग्रोथ का पता लगाना चाहते हैं तो P&L स्टेटमेंट देखना सबसे अच्छा तरीका है।

कैश फ्लो स्टेटमेंट : कैश फ्लो स्टेटमेंट देख कर पता चलता है की कंपनी में कितना CASH आ रहा है और कितना CASH कंपनी से बाहर जा रहा है।

जब आप P&L स्टेटमेंट देखते हैं तो आपको यह तो पता चलता है की बिजनेस कितना REVENUE और प्रॉफिट कमा रहा है। लेकिन आपको यह पता नहीं चलता है की उस REVENUE के बदले कंपनी के पास कितना नगद CASH आया है।

मतलब अगर आपको यह जानना है की हर साल कंपनी ने जो सामान बेचा है उसमें से कितना सामान उधार पर और कितना CASH में SELL किया है तो cash FLOW STATEMENT पढ़ना अच्छा तरीका है।

कई बार ऐसा होता है की CUSTOMERS उधार पर माल खरीद लेते हैं जिसे बैलेंस शीट में 'ACCOUNT RECIEVABLES' के अंदर लिखा जाता है लेकिन प्रॉफिट एंड लॉस स्टेटमेंट में इसकी कोई जानकारी नहीं होती है।

उदाहरण के लिए -

मान लीजिये साल 2022 में किसी XYZ लिमिटेड कम्पनी ने 100 करोड़ का माल बेचा (जिसमें से 60 करोड़ नगद और 40 करोड़ उधार) पर बेचा गया।

भाग 15 – गलत निवेश नहीं करेंगे

इसी साल उस माल को बनाने का खर्चा 70 करोड़ था मतलब ऑपरेटिंग प्रॉफिट (100-70) - 30 करोड हुआ।

अब साल 2022 के प्रॉफिट एंड लॉस स्टेटमेंट में REVENUE 100 करोड ही दिखाई देगा जबकी वास्तव में कंपनी के पास CASH 60 करोड़ ही आया है क्योंकि 40 करोड़ उधार पर बेचा था।

कंपनी के पास कितना पैसा आया है इसकी ENTRY आपको CASH FLOW स्टेटमेंट में दिखाई देगी।

इस हिसाब से अगर देखा जाए तो साल 2022 में कंपनी के खर्च यानी EXPENSE 70 करोड़ है और CASH सिर्फ 60 करोड ही आया है मतलब कंपनी को 10 करोड़ अपनी जेब से लगाना पड़ा।

तो अगर आप सिर्फ P&L देखकर और सिर्फ यह देखकर शेयर खरीदने का निर्णय लेते की प्रॉफिट एंड लॉस स्टेटमेंट में कंपनी का REVENUE और NET income हर साल बढ़ रहे है तो यह गलत फैसला होता।

इसीलिए शेयर की फंडामेंटल एनालिसिस में CASH FLOW स्टेटमेंट की अहम भूमिका है।

अगर आप इन तीनों FINANCIAL STATEMENT (बैलेंस शीट प्रॉफिट एंड लॉस और कैश फ्लो स्टेटमेंट) का अच्छे से ANALYSIS करते हैं तो मैं गारंटी देती हूं की आप कभी भी गलत निवेश नहीं करेंगे। आपका INVESTMENT हमेशा अच्छी कंपनियों में ही होगा, जो भविष्य में आपको शानदार रिटर्न देगा।

5. कंपिटीटर्स से तुलना करो (COMPETITION ADAVANTAGE)

एक बार जब आप कंपनी के -

- बिजनेस को अच्छे से समझ लेते हैं।
- मैनेजमेंट एनालिसिस कर लेते हैं।
- सभी फाइनेंशियल RATIOS को भी ANALYSE कर लेते हैं।
- तीनों फाइनेंशियल स्टेटमेंट पढ़ लेते हैं।

भाग – 16 : तो अब बारी है कंपिटीटर्स से तुलना (COMPARE) करने की।

क्योंकि हो सकता है की, उसी सेक्टर की अन्य कंपनी का कोई COMPETITIVE ADVANTAGE हो या MONOPOLY हो जिसकी वजह से मार्केट में उस कंपनी का कोई कंपिटीशन ही ना हो, तो फिर आपको इस कंपनी को छोड़कर उसी कंपनी में इन्वेस्ट करना चाहिए।

उदाहरण के लिए-

- ASIAN PAINT इंडिया की पेंट बनाने वाली सबसे बड़ी कंपनी है और पूरे मार्केट में इनका कोई कंपिटीशन नहीं है।
- हिंदुस्तान युनिलीवर का डिस्ट्रीब्यूशन नेटवर्क ही उनका COMPETITION ADVANTAGE है। इसीलिए उनकी टक्कर में कोई दूसरी FMCG कंपनी नहीं है।
- फेविकोल बनानेवाली कंपनी PIDILITE का ब्रांड वैल्यू और TRUST लोगों के बीच बहुत गहरा बन चुका है। इसीलिए इनका मार्केट में कोई कंपिटीशन नहीं है।
- DMART ने भी खुद के रिटेल STORES खोलकर COMPETITION से खुद को आगे कर दिया है। क्योंकि इन्हें RENT नहीं देना पड़ता जिससे ये कंपिटीटर्स के मुकाबले कम कीमत पर माल बेच पाते हैं।

आपको देखना होगा की जिस कंपनी का आप FUNDAMENTAL ANALYSIS कर रहे हैं उसके पास क्या कंपिटीशन ADAVANTAGE है जो उसे सेक्टर की बाकी कंपनियों से आगे रखता है।

किसी कंपनी में कंपिटीशन ADAVANTAGE होना बहुत जरूरी है वरना भविष्य में कोई भी बड़ी कंपनी मार्केट में आकर उसका मार्केट शेयर छीन सकती है।

जिससे इनका रिवेन्यू और प्रॉफिट बहुत तेजी से गिरने लगेगा और अंततः शेयर प्राइस में जबरदस्त गिरावट होगी। जिससे निवेशकों को भारी नुकसान होगा।
इसलिए हमेशा ऐसी कंपनी के शेयर में पैसा लगाएं जिसके पास कोई COMPETITION ADVANTAGE हो।

भाग – 17 :   दुनिया के सबसे अमीर इन्वेस्टर

इसी COMPETITION ADVANTAGE को वॉरेन बफेट 'MOAT' कहते हैं और वह कभी भी बिना MOAT वाली कंपनी में INVEST करना पसंद नहीं करते और यही कारण है की आज वह दुनिया के सबसे अमीर इन्वेस्टर हैं।

भाग – 18 : कंपनी की फ्यूचर प्लान्स देखे।

अगर आप किसी कंपनी में भविष्य को देखकर निवेश करते हैं तो ही आपको मल्टीबैगर रिटर्न मिलने के CHANCES हैं। लेकिन दिक्कत यह है की किसी भी शेयर का FUTURE PREDICT करना इतना आसान नहीं है।

क्योंकि अगर आप ऐसा कर लेते तो आपने भी राकेश झुनझुनवाला की तरह टाइटन कंपनी में उस समय निवेश किया होता जब कोई भी उस कंपनी में पैसा लगाने को तैयार नहीं था।

लेकिन झुनझुनवाला जी को पूरा भरोसा था की कंपनी भविष्य में अच्छा परफॉर्म करेगी। क्योंकि उन्हें लगता था की -

• उस बिजनेस की डिमांड बढ़नेवाली है मतलब WATCH (घड़ी) मार्केट इंडिया में EXPAND करनेवाली है।

1. इसके लिए उन्होंने काफी डाटा को ANALYSE किया होगा।
2. सभी फाइनेंशियल स्टेटमेंट पढ़े होंगे।
3. जहां एक ओर तो टाइटन कंपनी में सभी इन्वेस्टर्स डरे हुए थे क्योंकि कंपनी को उस समय LOSS हो रहा था। वहीं राकेश झुनझुनवाला जानते थे की यह LOSS टेंपरेरी है जो कुछ समय बाद ठीक हो जाएगा।
4. इसीलिए वह उस समय कंपनी में निवेश कर पाए जब उसकी मार्केट कैप बहुत कम थी और शेयर प्राइस भी बहुत सस्ता था।
5. उनके इन्वेस्ट करने के कुछ समय बाद ही शेयर प्राइस बहुत तेजी से बढ़ने लगा लेकिन फिर भी उन्होंने अपने शेयर नहीं बेचे और भाई सालोंसाल तक उस कंपनी में INVESTED बने रहे।

और आज आप जानते हैं की BIG BULL कहे जानेवाले राकेश झुनझुनवाला हम सबके बीच नहीं है लेकिन उनकी संपत्ति का 80% सिर्फ टाइटन कंपनी में INVESTMENT से ही बना है।

कंपनी के FUTURE PLANS

तो अगर आप भी पहले ही कंपनी के भविष्य की योजनाओं का पता कर लेते हैं तो FUTURE में आपको MULTIBAGGER RETURNS मिल सकते हैं।

किसी भी कंपनी के FUTURE PLANS पता करने के लिए आपको -

- उस कंपनी की ANNUAL REPORT पढ़ना होगा।
- कंपनी हर साल अपनी वेबसाइट पर वार्षिक रिपोर्ट पब्लिश करती है।
- ANNUAL REPORT में फ्यूचर प्लान्स के बारे में मैनेजमेंट डिस्कशनवाले सेक्शन में बताया जाता है।
- इस सेक्शन में कंपनी का मैनेजमेंट उस बिजनेस को भविष्य में विस्तार करने के विषय में चर्चा करता है।
- यह चर्चा सुनना बहुत जरूरी होता है। इससे आपको समझ आता है की कंपनी का मैनेजमेंट जो उस कंपनी को चला रहा है वह इस तरह से सोचता है और उस बिजनेस को लेकर उनका क्या VISION है।

लेकिन दोस्तों, सच बताऊं तो शेयर बाजार में इन्वेस्ट करनेवाले 70% से ज्यादा लोग कंपनी की वार्षिक रिपोर्ट नहीं पड़ते हैं और यही कारण है की उन्हें शेयर मार्केट में नुकसान होता है।

इसलिए याद रखिए - शेयर (STOCKS) की फंडामेंटल एनालिसिस करते वक्त कंपनी के भविष्य की योजनाओं पर जरूर नजर रखें।

डिविडेंड देखें

डिविडेंड का मतलब होता है 'लाभांश' यानी वह पैसा जो कंपनी अपने शेयर होल्डर्स को देती है। कुछ कंपनियां साल में एक बार डिविडेंड देती हैं, तो कुछ कंपनियां साल में 3 से 4 बार भी डिविडेंड देती हैं और कुछ कंपनियां डिविडेंड देती ही नहीं है।

बहुत सारे लोग सिर्फ डिविडेंड को देखकर शेयर खरीद लेते हैं। क्योंकि उन्हें लगता है की -

भाग – 19 :   लोग गलती करते हैं।

मान लो, किसी कंपनी में 5% डिविडेंड यील्ड है और वह साल में एक बार डिविडेंड देती है। हम सोचते हैं की, अगर हम 10 लाख रुपये उसमें लगा देते हैं तो हर साल INVESTMENT का 5% डिविडेंड के रूप में मिलता रहेगा और शेयर प्राइस की ग्रोथ से अलग फायदा होगा। लेकिन यहीं पर लोग गलती करते हैं।

आपको सिर्फ HIGH डिविडेंडवाली कंपनियों के पीछे नहीं भागना चाहिए बल्कि समझना चाहिए की जो कंपनी डिविडेंड दे रही है –

1. उसके पास सच में EXTRA CASH है या नहीं।
2. या फिर वह सिर्फ निवेशक को लुभाने के लिए डिविडेंड बांट रही है।
3. कुछ कंपनियों पर कर्ज बहुत ज्यादा होता है फिर भी वह डिविडेंड देती हैं। ऐसी कंपनियों में कभी भी निवेश मत करें।
4. याद रखिए कंपनी डिविडेंड सिर्फ इसीलिए देती है ताकि लोग उसके SHARE में अधिक से अधिक पैसा निवेश करें।
5. बहुत ज्यादा डिविडेंड देनेवाली कंपनियों के शेयर प्राइस बहुत कम ऊपर जाती हैं क्योंकि कंपनी अपने प्रॉफिट का अधिकतर हिस्सा व्यापार की ग्रोथ में लगाने की बजाए निवेशकों को लाभांश के रूप में बांट रही है।
6. आपने देखा होगा की, गूगल जैसी बड़ी कंपनी डिविडेंड नहीं देती है। क्योंकि वह अपना सारा प्रॉफिट कंपनी की ग्रोथ RE-INVEST करते हैं जिसका फायदा शेयर प्राइस की ग्रोथ के रूप में निवेशकों को ही मिलता है।
7. जबकी कुछ कंपनियां बहुत छोटी होती है उस पर DEBT भी बहुत ज्यादा होता है। फिर भी लोगों को डिविडेंड बाटती है। आपने अक्सर सरकारी

कंपनियों (ONGC, COAL INDIA) में ऐसा देखा होगा की उन पर भारी कर्ज होने के बावजूद शेयर होल्डर्स को डिविडेंड देती हैं।

8. मेरा कहना है की, ऐसी कंपनियों से हमेशा दूर रहे और कभी भी सिर्फ डिविडेंड के लालच में आकर शेयर मत खरीदे।

भाग – 20 : कैसे करें ग्रोथ इन्वेस्टमेंट?

अगर आपने अब तक इस को ध्यान से पढ़ा है तो CONGRATULATIONS! आपने STOCKS की फंडामेंटल एनालिसिस करना सीख लिया है। अगर आप किसी कंपनी का शेयर खरीदने से पहले सिर्फ उपर बताई गई सभी बातो को अप्लाई करते हैं, तो आप इन में PROFITABLE ग्रोथ इन्वेस्टमेंट कर पाएंगे।

फंडामेंटल एनालिसिस करने के फायदे -

1. फंडामेंटल एनालिसिस करने से आपको पता चलता है की –
2. कंपनी की वित्तीय स्थिति कैसी है और वह पैसा कैसे कमाती है।
3. कंपनी का बिजनेस मॉडल क्या है और मैनेजमेंट कैसा है।
4. शेयर के फंडामेंटल कितने मजबूत हैं।
5. कंपनी पर कितना DEBT है।
6. फाइनेंशियल रेश्योस का ANALYSIS करने के बाद आपको पता चलता है की वह उस कर्ज को चुकाने में सक्षम है या नहीं।
7. बैलेंस शीट पढ़कर पता चलता है की कंपनी के पास कितने ASSETS और LIABILITIES है।
8. फाइनेंशियल स्टेटमेंट के द्वारा आप जान सकते हैं की कंपनी हर साल कितना REVENUE और PROFIT कमा रही है। कंपनी में कितना नगद पैसा रहा है और कितना माल उधार पर बिक रहा है।
9. वार्षिक रिपोर्ट पढ़कर आप मैनेजमेंट के FUTURE PLANS के बारे में जान सकते हैं।
10. पता चलता है की कंपनी का कंपिटीशन एडवांटेज क्या है।
11. शेयर मार्केट में फंडामेंटल कैसे चेक करें?

भाग – 21 : कौनसा विश्लेषण सबसे अच्छा?

शेयर मार्केट में किसी कंपनी के शेयर के फंडामेंटल चेक करने के लिए आप मनीकंट्रोल या screener.in जैसी वेबसाइट के जरिये आसानी से देख सकते हैं। वेबसाइट पर आपको कंपनी के सभी फाइनेंशियल स्टेटमेंट और फाइनेंशियल रेश्योज दिख जाएंगे।

शेयर बाजार के लिए कौनसा विश्लेषण सबसे अच्छा है?

अगर आप शेयर बाजार में निवेश करते हैं, तो मौलिक विश्लेषण यानी फंडामेंटल एनालिसिस करना सबसे अच्छा है।

फंडामेंटल और टेक्निकल एनालिसिस में क्या अंतर है?

फंडामेंटल एनालिसिस में आपको कंपनी के बिजनेस और उसके फाइनेंशियल स्टेटमेंट पर रिसर्च करना पड़ता है जबकी टेक्निकल एनालिसिस में आपको कैंडलेस्टिक पॅटर्न, प्राइस एक्शन, सपोर्ट रेजिस्टेंस, स्टॉप लॉस, टारगेट आदि देखना पड़ता है।

फंडामेंटल एनालिसिस की मदद से एक अच्छा शेयर कैसे चुनें?

फंडामेंटल एनालिसिस करते समय कंपनी के बिजनेस को अच्छे से समझते हैं। मैनेजमेंट एनालिसिस करते हैं। सभी फांइनेंशियल स्टेटमेंट पढ़ते हैं और कंपनी के फ्यूचर प्लान्स को लेकर निवेश करते हैं, तो आप एक अच्छा शेयर चुन सकते हैं।

निष्कर्ष

इस बुक में मैंने आपको बताया है की, शेयर मार्केट में फंडामेंटल एनालिसिस क्या होती है और किसी कंपनी के शेयर की फंडामेंटल एनालिसिस कैसे करते हैं? मैं आशा करती हूं की, आपको यह जानकारी उपयोगी लगी होगी।

भाग – 22 : शानदार रिटर्न्स

मैं आपको बताना चाहती हूं की, किसी भी कंपनी का शेयर खरीदने से पहले अगर आप फंडामेंटल रिसर्च की इस चेकलिस्ट को फॉलो करते हैं, तो निश्चित ही आप एक मल्टीबैगर शेयर ढूंढ पाएंगे जो भविष्य में आपकी इन्वेस्टमेंट पर शानदार रिटर्न्स देगा।

भाग – 23 : नफा-नुकसान निर्भर है ग्रहों पर

शेयर बाजार में हार-जीत का दौर तो चलता ही रहता है। आज हम आपको बताएंगें की कुंडली (KUNDALI) के किन ग्रहों पर शेयर मार्केट में नफा-नुकसान निर्भर करता है और किस तरह से ये ग्रह शेयर बाजार में आपकी किस्मत चमकाने में आपकी मदद कर सकते हैं। तो आइए एक नज़र डालते हैं कुंडली के ग्रहों पर, जो शेयर बाजार फायदे और नुकसान को नियंत्रित करते हैं।

1. राहु और चंद्रमा शेयर मार्केट (SHARE MARKET) में नुकसान के कारक हैं, तो गुरु और बुध फायदे के कारक ग्रह माने जाते हैं।
2. ग्रहों का उदय और अस्त शेयर मार्केट (SHARE MARKET) पर महत्वपूर्ण प्रभाव डालता है। वहीं ग्रहण का भी शेयर मार्केट (SHARE MARKET) पर असर पड़ता है।
3. जन्मकुंडली (JANAMKUNDALI) का पांचवां भाव मजबूत हो तो शेयर मार्केट में सफलता मिलती है। वहीं कुंडली (KUNDALI) में राहु के मजबूत होने पर भी स्टॉक मार्केट में मुनाफा होता है।
4. कुंडली (KUNDALI) में गुरु के मजबूत होने पर कमोडिटी मार्केट में मुनाफा होता है। बुध के शुभ प्रभाव में जातक शेयर मार्केट (SHARE MARKET) सलाहकार बनता है या शेयर मार्केट (SHARE MARKET) में अच्छा बिजनेस करता है।
5. कुंडली (KUNDALI) में सूर्य और राहु, राहु और चंद्रमा या बृहस्पति और राहु की युति हो तो जातक को शेयर मार्केट (SHARE MARKET)

से दूर ही रहना चाहिए। दूसरे भाव में राहु हो तो शेयर मार्केट से दूर रहें।

6. यदि कुंडली (KUNDALI) में केंद्र में राहु हो तो जातक शेयर मार्केट (SHARE MARKET) में तो सफल होता है लेकिन किसी भी तरह से उस पर गरीबी छा जाती है।

क्या है उपाय?

1. शेयर मार्केट (SHARE MARKET) में किस्मत आज़माना चाहते हैं तो पन्ना रत्न इसमें आपकी मदद कर सकता है।
2. सुबह-शाम राहु के मंत्र का जाप करें।
3. बुधवार और शुक्रवार के दिन मछलियों को आटे की गोलियां बनाकर खिलाएं।
4. अपने साथ नीले रंग का चमकीला रुमाल रखें।

मूलांक - 1

- आप इस समय ताकतवर स्थिति में हैं।
- मनोरंजन आज आपके एजेंडे में सबसे ऊपर है।
- एक नया और बेहतर नौकरी का अवसर आपको मिलेगा।

मूलांक - 2

- प्रामाणिक जानकारी और छोटी-छोटी अफवाहों के बीच अंतर करें।
- अनावश्यक तर्क-वितर्क में न पड़ें।
- बहुत ही आकर्षक व्यक्ति के साथ स्थायी दोस्ती हो सकती है।

मूलांक - 3

- आज आप आध्यात्मिकता की ओर आकर्षित होंगे।
- भूमि या संपत्ति प्राप्त करने का योग है।
- खर्चे बढ़ने से आपको गुजारा करना मुश्किल हो सकता है।

मूलांक - 4

- भाई-बहन या करीबी दोस्त के साथ आपके रिश्ते बेहतर होंगे।
- आप अपने बेहतरीन स्वास्थ्य के चलते पूरे दिन जोश में रहेंगे।
- आपके बॉस के साथ मतभेद हो सकता है।

मूलांक - 5

- लगातार घरेलू तनाव आपको परेशान कर सकता है।
- आज आपको बुखार जैसा महसूस हो सकता है।
- यह दिन आपके लिए भारी खर्चों वाला साबित हो सकता है।

मूलांक - 6

- नौकरी में आपको संयम और धैर्य का प्रयोग करना होगा।
- आपको अपने विचारों के विरोध का सामना करना पड़ेगा।
- शेयर बाजार हाल के अनिश्चित दौर के बाद अच्छा मुनाफा देगा।

मूलांक - 7

- किसी सहकर्मी या पड़ोसी से अनबन हाथ हो सकती है।
- आपके विरोधी आपको कठिन समय दे सकते हैं।

- आप अपने लिए निर्धारित लक्ष्यों को आसानी से प्राप्त कर लेंगे।

मूलांक - 8

- आज आपका स्वास्थ्य थोड़ा उदासीन रहेगा।
- नए व्यापारिक गठजोड़ बनाने के लिए यह एक अच्छा दिन है।
- रोमांस के लिए भी यह एक बहुत अच्छा दिन है।

मूलांक - 9

- सरकार से जुड़े मामले लंबे विलंब के बाद आखिरकार सुलझ जाएंगे।
- आप आज अपने गुस्से पर क़ाबू रखने के लिए संघर्ष करेंगे।
- पूरे दिन अच्छे स्वास्थ्य का आनंद उठाएंगे।

भाग – 24 : एक दिन में राजा और रंक

शेयर बाजार एक ऐसा व्यवसाय है, जहाँ लोग एक दिन में राजा बन जाते हैं तो अगले दिन रंक। इसके साथ-साथ शेयर बाज़ार किसी भी देश की आर्थिक स्थिति को भी दर्शाता है। अगर किसी देश के शेयर बाजार में तेजी चल रही है, यानि बाजार में उछाल है तो इसका मतलब है की उस देश की आर्थिक स्थिति काफी मज़बूत है, और लगातार बढ़ रही है। ऐसी हालात में उस देश के लोग और अन्य विदेशी निवेश आने वाले समय में उस देश की अर्थव्यवस्था के प्रति आशान्वित होते हैं। इसके विपरीत यदि शेयर बाजार मंदी में है, यानि नीचे गिर रहा है, तो इसका मतलब है की आर्थिक स्थिति अच्छी नहीं है। वहां की सरकार वित्तीय हालातों के प्रति गंभीर नहीं है। ऐसे में देश में मंदी का दौर आ सकता है। महँगाई दर में बढ़ोतरी भी हो सकती है। जिसे सभी प्रकार के निवेशकों का बाजार के प्रति अलगाव हो जाता है।

शेयर बाजार में काम करने के लिए व्यक्ति के पास उचित योग्यता होने के साथ-साथ अच्छा भाग्य भी होना चाहिए। क्योंकि शेयर बाजार एक मात्र ऐसा व्यवसाय होता है, जहाँ कम समय में बहुत तेजी से उतार-चढ़ाव देखने को मिलते हैं। बाज़ार में कभी भी तेजी आ सकती है और कभी भी मंदी। ऐसे में हर व्यक्ति को मेहनत के साथ-साथ भाग्य के बिना सफलता नहीं मिल सकती।

भारतीय वैदिक ज्योतिष में बताया गया है की ग्रहों की स्थिति और उनकी चाल से बाज़ार बहुत अधिक प्रभावित होता है। तो आईये जानते हैं शेयर बाजार ज्योतिष के बारे में।

क्या है शेयर बाजार ज्योतिष?

भारतीय वैदिक ज्योतिष को अलग-अलग क्षेत्रों में बांटा गया है। जिस प्रकार से हर क्षेत्र के लिए एक अलग ज्योतिषीय विभाग को आवंटित किया गया है, जैसे चिकित्सा

ज्योतिषी, उपाय ज्योतिषी, विवाह ज्योतिषी, शिक्षा ज्योतिषी, प्रेम ज्योतिषी, करियर ज्योतिषी, संपत्ति ज्योतिषी होती है। उसी प्रकार से आर्थिक ज्योतिषी भी होती है।

चूंकि शेयर बाज़ार में सिर्फ और सिर्फ आर्थिक व्यापार होता है। इसलिए ये आर्थिक ज्योतिषी के तहत आता है। किसी भी व्यक्ति की कुंडली में 5वां, 8वां और 11 वां भाव, घर या खाना धन के कारक होते हैं। इसलिए इनकी बेहतर स्थिति के बिना हम आर्थिक विकास नहीं कर सकते। 5 वां हमारी कुंडली का प्राण केंद्र होता है। इसलिए शेयर बाजार में अच्छे लाभ के लिए इसका मजबूत होना अतिआवश्यक है। जिसके फलस्वरूप आकस्मिक धन एवं आर्थिक सफलता मिलती है। यदि किसी व्यक्ति का 5 वां भाव कमज़ोर है तो उसे शेयर बाजार में काम नहीं करना चाहिए। वरना परिणाम भयानक भी हो सकते हैं। जातक आर्थिक रूप से पूरी तरह बर्बाद भी हो सकता है।

राहु और चंद्रमा लाभ-हानि के लिए ज़िम्मेदार होते हैं। क्योंकि राहु किसी भी प्रकार की अनिश्चितता और आकस्मिकता का कारक होता है, और शेयर बाजार तो है ही अनिश्चितताओं से भरा। जबकि चंद्रमा दिन-प्रतिदिन की स्थिति को दर्शाता है। जिस प्रकार से चंद्रमा हर दिन अपना रूप और आकार बदलता है, उसी प्रकार ये बाजार को भी प्रभावित करता है।

बुध और गुरु (बृहस्पति) की स्थिति शेयर बाजार की स्थिति को सीधे तौर पर प्रभावित करती है। चूँकि बुध धन का स्वामी होता है और गुरु खज़ाने का। तो कुंडली में इनकी मजबूत स्थिति जातक को बड़ा लाभ दिलाती है जबकि कमज़ोर स्थिति होने पर हानि उठानी पड़ती है। ये दोनों ग्रह शेयर सूचकांक को ऊपर उठाने में ज़िम्मेदार होते हैं।

इसलिए ये चार ग्रह राहु, चंद्रमा, बुध, गुरु शेयर बाज़ार में काम करने और लाभ कमाने के लिए आपके पक्ष में होना बहुत जरुरी है।

भाग – 25 – कौनसा ग्रह किस क्षेत्र के लिए ज़िम्मेदार?

शेयर बाज़ार में कोई भी कंपनी अपने व्यापार को बड़ा करने के लिए जनता से पैसे जुटाती है। उन पैसों को व्यापार में लगाती है और उससे होनेवाले लाभ का हिस्सा लाभांश के रूप में अपने शेयर धारकों को देती है। ऐसे में किसी भी शेयर धारक के लिए शेयर बाज़ार में लाभ कमाने के लिए राहु की स्थिति पक्ष में होना बहुत जरुरी है। क्योंकि कुंडली में राहु की स्थिति बेहतर होने पर ही आपको मुनाफ़ा हो सकता है, अन्यथा ऐसी हानि होगी कि जिससे आप जीवनभर नहीं उबर पाएंगे। कुंडली में पंचम भाव और इसका स्वामी मजबूत होने पर ही किसी को लाभ मिल पाता है। इसके अलावा हर ज्योतिषीय ग्रह का अपना प्रभाव क्षेत्र होता है। जिससे जुड़े क्षेत्र के शेयरों में लेन-देन करने से आपको अच्छा मुनाफ़ा हो सकता है। आइये जानते है कौनसे ग्रह किस क्षेत्र को प्रभावित करते हैं...?

1. सूर्य

समस्त ग्रहों का स्वामी और सौरमंडल का राजा सूर्य आर्थिक रूप से सबका स्वामी होता है। यह बाजार के सबसे बडे क्षेत्र को अपने प्रभाव में रखता है। सूर्य राजकोष का स्वामी है। ये सरकारी योजनाओं, सरकारी लेन-देन आदि को प्रभावित करता है। जिनकी कुंडली में सूर्य अनुकूल स्थिति में होता है। इनसे जुड़े शेयरों जैसे सार्वजनिक इकाइयां, म्युच्युअल फंड, लकड़ी के कारोबार, आयुर्वेदिक एवं एनएसई के शेयरों में सौदा बनाना चाहिए। इसमें जातक को अधिक लाभ मिलने की संभावना होती है।

2. चंद्र

चन्द्रमा अर्थात सोम जो की द्रवीय वस्तुओं का कारक होता है। इसलिए ये जलीय क्षेत्र से जुड़ी कंपनियों के शेयरों में लाभ का कारक होता है। जैसे समुद्री व्यापार, जहाज़, समुद्री भोजन आदि। दुग्ध उत्पाद यानि दूध से बनने वाली वस्तुएँ जो डेयरी कम्पनियाँ बनाती हैं। कपास के क्षेत्र में काम करनेवाली कम्पनियाँ। कांच यानि शीशा के व्यापार से जुड़ी कम्पनियाँ। इसलिए जिसकी कुंडली में चन्द्रमा मजबूत होता है, वे इन सभी क्षेत्रों से जुड़े व्यापार के शेयरों में सौदा बना सकते हैं।

3. मंगल –

चूँकि मंगल ज्वलंत प्रवर्ति का होता है। इसलिए ये गर्म वस्तुओं के लिए ज़िम्मेदार होता है। जैसे चाय, क़ॉफ़ी, खनिज पदार्थ, इंफ्रास्ट्रक्चर, रियलिटी क्षेत्र आदि। इसलिए जिन लोगों की कुंडली में मंगल मज़बूत और अनुकूल होता है, वे इन सभी क्षेत्रों से जुड़े शेयरों में सौदा बना सकते हैं।

4. बुध -

बुध की बात हम ऊपर भी कर चुके हैं की बुध आर्थिक स्वामी होता है। इसलिए ये आर्थिक क्षेत्रों से जुडी कंपनियों जैसे बैंक, बीमा कंपनी आदि को प्रभावित करता है। इसके अलावा ये इम्पोर्ट-एक्सपोर्ट, कंसल्टेंसी और एजुकेशनल क्षेत्रों पर भी गहरा असर डालता है। इसलिए जिनकी कुंडली में बुध मजबूत यानि अनुकूल स्थिति में होता है वे इनसे जुड़े शेयरों में ख़रीद फ़रोख़्त कर सकते हैं। इसके अलावा जिनका बुध अनुकूल होता है वे शेयर बाज़ार के लिए अच्छे सलाहकार भी हो सकते हैं।

5. बृहस्पति -

चूँकि बृहस्पति पीले रंग का प्रतीक होता है, इसलिए ये पीली वस्तुओं को अधिक प्रभावित करता है। पीले खाद्यान्न जैसे गेहूं, दालें, हल्दी, मसाले आदि। इसके साथ-साथ गुरु सोने व पीतल को भी बहुत अधिक प्रभावित करता है। इसलिए कहा जाता है की जब बृहस्पति की स्थिति मजबूत होती है तो सोने और पीतल के भाव बढ़ जाते हैं। इसके अलावा बृहस्पति धन को भी प्रभावित करता है। तो जिन जातकों की कुंडली में गुरु मज़बूत या अनुकूल होता है, वे इन सभी शेयरों में सौदा कर सकते हैं। इसके अलावा ऐसे जातक भौतिक वस्तुओं (कॉमोडिटी) के शेयरों में भी लाभ कमा सकते हैं।

6. शुक्र -

ज्योतिषी में शुक्र प्रेम और मिठास का प्रतीक होता है। इसलिए ये चीनी, चावल, सौंदर्य प्रसाधन, मनोरंजन और रसायन से जुड़ी वस्तुओं को प्रभावित करता है। अतः जिन व्यक्तियों की कुंडली में शुक्र अनुकूल होता है, वे इन सभी वस्तुओं से संबंधित शेयरों में लाभ कमा सकते हैं।

7. शनि

शनि ग्रह काली वस्तुओं का प्रतीक होता है। इसलिए ये लोहा, पेट्रोलियम वस्तुएँ, डीज़ल-पेट्रोल, ईंधन, काले वस्त्र, काले मसाले, काली मिर्च, लौंग, चमड़े की वस्तुएँ एवं किसी भी प्रकार का उत्पादन करनेवाली कंपनियों पर गहरा प्रभाव डालता है। इसलिए जिनकी कुंडली में शनि अनुकूल होता है वे इन सभी वस्तुओं से जुड़े शेयरों में लाभ उठा सकते हैं।

8. राहु-केतु

शेयर बाजार में राहु-केतु उतार-चढ़ाव लाने के साथ-साथ इलेक्ट्रॉनिक व इलेक्ट्रिक और विदेशी वस्तुओं को प्रभावित करते हैं। इसलिए जिनकी कुंडली में राहु-केतु अनुकूल होते हैं। वे इन सब चीजों में लाभ कमा सकते हैं। क्योंकि शेयर बाजार में सभी को तभी सफलता मिलती है जब राहु आपके पक्ष में हो।

भाग – 26 - ग्रहों की प्रतिकूल स्थिति से नुकसान

1. ग्रहों की प्रतिकूल स्थिति जिससे नुकसान भी हो सकता है।
2. कुंडली के पांचवें भाव में राहु की दशा चल रही है तो शेयर बाजार में काम न करें।
3. यदि किसी की कुंडली में सूर्य-राहु या चंद्र-राहु या बृहस्पति-राहु, इनमें से कोई एक भी स्थिति बनती है तो जातक को शेयर बाजार में काम नहीं करना चाहिए। अन्यथा भरी नुकसान उठाना पड़ सकता है।
4. यदि किसी की कुंडली में शनि की साढ़ेसाती या ढैया का समय उतर रहा हो यानि ख़त्म हो रहा हो तो बाजार में काम नहीं करना चाहिए। इस स्थिति में जातक को भारी-भरकम नुकसान उठाना पड़ सकता है।
5. यदि किसी की कुंडली के दूसरे भाव जो की धन का भाव होता है, उसमें राहु बैठा है तो भी व्यक्ति को शेयर बाजार में कतई काम नहीं करना चाहिए। इसके अलावा कुंडली के केंद्र भाव में यानि लग्न, चौथे, सातवें और दसवें भाव में भी राहु स्थित हो तो शेयर बाजार में काम न करें। नहीं तो आप आर्थिक रूप से बर्बाद भी हो सकते हैं।
6. जब कोई भी ग्रह अपनी स्थिति में परिवर्तन करता है तो उससे जुड़े क्षेत्र को बहुत अधिक प्रभावित करता है। इसलिए भी कोई ग्रह उदय होता है, अस्त होता है, मार्गी होता है, वक्री होता है, उच्च राशि या नीच राशि में जाते हैं, तो इन सब चालों का असर शेयर बाजार पर प्रत्यक्ष रूप से पड़ता है। जब सूर्य और चंद्र ग्रहण होता तो भी बाजार प्रभावित होता है। लेकिन विशेष रूप से राहु-केतु और चन्द्रमा बाजार को अधिक प्रभावित करते हैं।

शेयर बाज़ार में सफलता के लिए ज्योतिषीय उपाय

भारतीय वैदिक ज्योतिष में शेयर बाजार में सफलता पाने और अच्छा लाभ कमाने के लिए कुछ निश्चित उपाय बताये गए हैं। जिन्हें अपनाकर कोई भी व्यक्ति शेयर बाजार से अच्छा मुनाफ़ा कमा सकता है।

अच्छा लाभ कमाने के कुछ निश्चित उपाय –

1. एक नीला चमकदार रुमाल हमेशा अपने पास रखें।
2. बुधवार एवं शुक्रवार के दिन मछलियों को आटे की गोलियां खिलाएं।
3. दिन में दो समय सुबह-शाम 108 बार राहु मंत्र "ऊँ रां राहवे नम:" का जाप करें।
4. बुधवार के दिन चाँदी का एक सितारा (स्टार) बनवा कर, हरे धागे में डालकर उसे गले में धारण करें।
5. यदि आप शेयर बाज़ार में अधिक लाभ कमाना चाहते हैं तो किसी ज्योतिष विशेषज्ञ की सलाह से पन्ना रत्न या गोमेद धारण करें। लेकिन याद रखें, ये सिर्फ ज्योतिषीय सलाह से ही धारण करें।

तो ये था शेयर बाजार पर ग्रहों का प्रभाव, उनके लाभ और उनकी स्थिति में परिवर्तन से होनेवाले नुकसान। लेकिन ये बात हमेशा ध्यान रखनी चाहिए की शेयर बाजार में अधिक लाभ पाने के लिए किसी ज्योतिषी विशेषज्ञ से ही सलाह ली जाये। जो सितारों को आपके पक्ष में लाने के प्रभावी उपाय बता सकते हैं। लेकिन इसके अलावा किसी भी काम में सफलता पाने के लिए लगातार मेहनत करना बहुत ज़रूरी है। इसलिए कठिन परिश्रम करते रहें।

भाग – 27 : अंक ज्योतिष की भूमिका

भाग्यशाली क्षेत्र में निवेश करके अधिक पैसा कमाने के लिए शेयर बाजार में अंक ज्योतिष की महत्वपूर्ण भूमिका है। जीवनपथ संख्या की गणना जन्मतिथि के सभी अंकों को जोड़कर और 1 से 9 तक एकल अंक में घटाकर की जा सकती है। यदि आपके पास जीवनपथ संख्या 4 राहु और 8 शनि है, तो आप ट्रेडिंग के लिए नहीं बने हैं, लेकिन आप सलाहकार हो सकते हैं। जीवनपथ क्रमांक 3 बृहस्पति, 5 बुध, 6 शुक्र, 9 मंगल शेयर बाजार में भाग्यशाली हो सकते हैं। आप अपने जीवनपथ क्रमांक के अनुसार भाग्यशाली क्षेत्र भी चुन सकते हैं।

1. सन - सार्वजनिक क्षेत्र
2. चंद्रमा - फार्मास्युटिकल
3. बृहस्पति - बैंकिंग, बैंक निफ्टी
4. राहु - विदेशी मुद्रा
5. पारा - टेलीकॉम, निफ्टी, क्रिप्टो
6. वीनस - ऑटोमोबाइल और होटल, एफएमसीजी
7. केतु - तेल और गैस, विदेशी मुद्रा
8. शनि - मशीनरी इंजीनियरिंग
9. मंगल - अचल संपत्ति और संपत्ति

भाग – 28 : संख्याओं का प्रभाव

अंक ज्योतिष संख्याओं के रहस्यमय महत्व और मानव जीवन घटनाओं पर उनके प्रभाव में विश्वास है। जबकि अंकशास्त्र वैज्ञानिक रूप से सिद्ध या व्यापक रूप से स्वीकृत अवधारणा नहीं है, कुछ व्यक्ति शेयर बाजार जैसे वित्तीय बाजारों सहित जीवन के विभिन्न पहलुओं में इसके अनुप्रयोग में विश्वास करते हैं। हालाँकि, यह ध्यान रखना महत्वपूर्ण है की अंकशास्त्र एक ऐसी पद्धति नहीं है जो अनुभवजन्य साक्ष्य द्वारा समर्थित है या वित्तीय पेशेवरों द्वारा उपयोग की जाती है। यहां कुछ तरीके दिए गए हैं जिनसे कुछ लोग अंकज्योतिष को शेयर बाजार में लागू करने का प्रयास कर सकते हैं -

स्टॉक चयन :

अंकशास्त्र के कुछ विशेषज्ञ स्टॉक प्रतीकों या कंपनी के नामों के अंकशास्त्र का विश्लेषण करके यह अनुमान लगा सकते हैं की, कौनसा स्टॉक खरीदना या बेचना है। वे उन संख्याओं और संयोजनों की तलाश कर सकते हैं जिन्हें उनकी अंकशास्त्रीय मान्यताओं के आधार पर भाग्यशाली या अनुकूल माना जाता है।

समय :

अंकशास्त्री बाजार में प्रवेश करने या बाहर निकलने के लिए अनुकूल या प्रतिकूल समय की भविष्यवाणी करने के लिए अंकशास्त्र का उपयोग करने का भी प्रयास कर सकते हैं। वे विशिष्ट तिथियों या अवधियों पर विचार कर सकते हैं जो उनकी अंकशास्त्रीय गणनाओं के अनुरूप हों।

मूल्य विश्लेषण :

अंकशास्त्री अंकशास्त्रीय तकनीकों का उपयोग करके स्टॉक की कीमतों या सूचकांकों का विश्लेषण कर सकते हैं। वे स्टॉक की कीमतों से जुड़े संख्यात्मक मूल्यों में पैटर्न या महत्व की तलाश कर सकते हैं।

इस बात पर जोर देना महत्वपूर्ण है की अंकज्योतिष शेयर बाजार में निवेश के लिए एक विश्वसनीय या व्यापक रूप से स्वीकृत दृष्टिकोण नहीं है। वित्तीय बाज़ार कई प्रकार के कारकों से प्रभावित होते हैं, जिनमें आर्थिक संकेतक, कंपनी की वित्तीय स्थिति, भू-राजनीतिक घटनाएँ और निवेशक भावना शामिल हैं। पेशेवर निवेशक आम तौर पर सूचित निवेश निर्णय लेने के लिए मौलिक विश्लेषण, तकनीकी विश्लेषण और अन्य सुस्थापित तरीकों पर भरोसा करते हैं।

यदि आप शेयर बाजार में निवेश करने में रुचि रखते हैं, तो सलाह दी जाती है कि वित्तीय विशेषज्ञों से परामर्श करें, गहन शोध करें और अंकशास्त्र या अन्य गूढ़ तरीकों पर भरोसा करने के बजाय सिद्ध निवेश रणनीतियों का उपयोग करें। शेयर बाजार में निवेश करने में अंतर्निहित जोखिम होती हैं और अच्छे वित्तीय विश्लेषण और बाजार ज्ञान के आधार पर सूचित निर्णय लेना महत्वपूर्ण है।

भाग – 29 : ज्योतिष कैसे काम करता है?

शेयर बाज़ार में ज्योतिष कैसे काम करता है?

राशिफल में शेयर बाजार और लॉटरी से अचानक धन मिलने की संभावना बन रही है। हमें कुंडली के लग्न, द्वितीय भाव, एकादश भाव, लग्न भाव के स्वामी, एकादश भाव तथा गुरु और राहु-केतु की स्थिति का आकलन करना होगा या नहीं। इन परिस्थितियों से अचानक धनप्राप्ति की संभावना बढ़ जाती है। हमें अष्टम भाव, नवम भाव और दशम भाव भी देखना चाहिए। ये भाव धन भाव से संबंधित होते हैं और ऊपर बताए गए ग्रह अपने समय में अचानक धन देते हैं।

शेयर बाजार में लाभ के लिए -

लग्न से आठवें भाव पर विचार करें : किसी व्यक्ति को बीमा, अनर्जित धन से लाभ होगा या नहीं, इसके लिए हमें आठवें भाव पर विचार करना चाहिए।

जातक को पैतृक संपत्ति मिलेगी या नहीं। जो धन जातक को बिना अधिक मेहनत के प्राप्त होता है, शेयर बाजार से कमाया हुआ धन भी कुछ ऐसा ही कहा जाएगा। यदि अष्टमेश ठीक हो जाए तो बिना अधिक मेहनत के अच्छा धन मिल सकता है। यदि द्वादशेश अष्टम भाव में स्थित हो या षष्ठेश अष्टम भाव में स्थित हो तो विपरीत राजयोग बनता है। यदि 12वें भाव या 6ठे भाव या दोनों का स्वामी अष्टम भाव में स्थित हो तो ऐसे व्यक्ति को कभी भी शेयर बाजार में निवेश नहीं करना चाहिए। हानि की संभावना अधिक रहेगी। इसके अलावा यदि षष्ठेश राहु के साथ हो और उच्च का राहु पंचम भाव में हो तो ऐसे व्यक्ति को शेयर बाजार से अकस्मात धन प्राप्त होने की संभावना अधिक रहती है। ज्यादा लालच में न पड़ें। जब राहु की दशा षष्ठेश के साथ हो और राहु उच्च का होकर पंचम भाव में स्थित हो, तो वह अत्याधिक लाभ देगा।

भाग – 30 : कौनसे शेयर खरीदें?

कौनसे शेयर खरीदें?

जातक को उन कंपनियों के शेयर खरीदने चाहिए जो लग्नेश से संबंधित वस्तुओं का व्यापार करती हैं।

उदाहरण के लिए, यदि किसी व्यक्ति का लग्न मकर या कुंभ है तो लग्नेश शनि होगा, यानी ऐसे व्यक्ति को उन कंपनियों के शेयर खरीदने चाहिए जो शनि से संबंधित है। लोहा, पेट्रोल, केरोसिन, कोयला, खदानों से संबंधित उत्पाद जैसे स्टील अथॉरिटी ऑफ इंडिया लिमिटेड, रिलायंस पेट्रोकेमिकल्स एंड एक्सकेवेशन। जिस कंपनी में काम करते हैं उसके शेयरों से लाभ की संभावना अधिक रहती है। ऐसी कंपनी के शेयर खरीदना अधिक लाभदायक होगा जो योगकारक ग्रह से संबंधित वस्तु का व्यापार कर रही हो। उदाहरण के लिए, यदि मकर लग्न के लिए शुक्र शुभ है तो ऐसे व्यक्ति को इलेक्ट्रॉनिक्स, सौंदर्य प्रसाधन उत्पाद कंपनी, आभूषण और हीरे का व्यापार करना चाहिए। यदि अष्टमेश लग्न में स्थित हो और उच्च राशि, स्वराशि, मूलत्रिकोण राशि या मित्र राशि में हो तो ऐसे ग्रह से संबंधित वस्तु का व्यापार करनेवाली कंपनी को भी शेयर खरीदने के लिए चुना जा सकता है।

हम ग्रह से संबंधित होरा में शुभ चौघड़िया में शेयर खरीदकर अधिक लाभ कमा सकते हैं। विभिन्न ग्रहों से संबंधित वस्तुओं के नाम इस प्रकार हैं –

1. सूर्य : इंधन, बिजली, चमड़े का सामान, ऊन, सूखा अनाज, गेहूं, दवाइयां, सरकार से संबंधित कार्य।
2. चंद्रमा : कपड़ा, दूध, शहद, मिठाई, चावल, जौ, जल, समुद्र, तरल पदार्थ।
3. मंगल : हथियार, भूमि, मकान, संपत्ति, अस्पताल, डॉक्टर, तांबा, लाल मसूर की दाल, तंबाकू।

4. बुध : पन्ना, तिलहन, मूंग, खाद्यतेल, मिश्र धातु, कॉपी, पेन, कागज, समाचार पत्र, पत्रिकाएं, मोबाइल फोन, मीडिया।
5. गुरु : या बृहस्पति : बैंक, वित्त, सलाहकार, धर्मग्रंथ, हल्दी, बेसन, केसर, चने की दाल, केला।
6. शुक्र : कॉस्मेटिक सामग्री, रेडीमेड वस्त्र, रेस्तरां, होटल, इत्र, सजावट का सामान, रेशम।
7. शनि : लोहा, कोयला, पेट्रोल, बिजली, मशीनें, यंत्र, सरिया, निर्माण कार्य, मिट्टी का तेल।

किस समय शेयर खरीदें या बेचें?

होरा मुहूर्त और चौघड़िया पर विचार करने के बाद स्टॉक खरीदने और बेचने का समय तय करने के बाद ही स्टॉक में कारोबार करना चाहिए।
उदाहरण के लिए, यदि आप सोमवार को शनि यानि स्टील, आयरन ट्रेडिंग कंपनी स्टील अथॉरिटी ऑफ इंडिया के शेयर खरीदना चाहते हैं, तो उचित समय-निर्धारण के लिए शनि की होरा और शुभ चौघड़िया पर विचार करें।

दिन का चौघड़िया

अमृत, चर, लाभ और शुभ।

इन्हीं चौघड़िया में शेयर से जुड़ा कारोबार करना फायदेमंद रहेगा।
उद्वेग, काल और रोग जैसे चौघड़िया अशुभ चौघड़िया हैं। इनमें खरीदे गए शेयर फायदेमंद नहीं होंगे।

तो कब निवेश करना चाहिए?

कुंडली में ग्यारहवां भाव आय का और बारहवां भाव व्यय का होता है।

सट्टेबाजी में पंचम भाव को प्रमुखता से देखा जाता है। बारहवें घर के सक्रिय होने पर निवेश करने की सलाह दी जाती है। जिस दिन एकादश भाव चल रहा हो उस दिन पैसा निकालने की सलाह दी जाती है।

कुंडली का एकादश भाव मजबूत होने पर अधिक शुभ ग्रहों के प्रभाव का लाभ मिलता है। एकादश भाव के बलहीन होने पर एक से अधिक अशुभ ग्रह लाभ नहीं दे पाएंगे।

ग्रहों के अनुसार शेयर खरीदें :

व्यक्ति यह जानना चाहता है की, हमें अपने राशिफल के अनुसार किस कंपनी का शेयर खरीदना चाहिए। इसके लिए आपको जातक की कुंडली का विश्लेषण करना होगा की, उसकी कुंडली क्या है और उस लग्न के अनुसार उसके शुभ ग्रह यानी योगकारक ग्रह हैं। यह जानना होगा की क्या यह ग्रह उच्च राशि का है, स्वराशि का है और लग्न में बैठा है। केंद्र और त्रिकोण और उनकी दशा चल रही हो तो उस ग्रह के अनुसार कंपनी का चयन करके शेयर बाजार में पूंजी निवेश करना चाहिए और उस समय शुभ चौघड़िया भी देखना चाहिए। ऐसे में यदि कोई योगकारक ग्रह के शेयर खरीदकर उसमें निवेश करेगा तो उसे अच्छे परिणाम मिलेंगे। इसके विपरीत जिन ग्रहों का योग कारक नहीं होता, वे ग्रह कुंडली के अनुसार अनुकूल नहीं होते और यदि उनकी दशा चल रही हो तो उन ग्रहों से संबंधित कंपनियों के शेयर नहीं खरीदने चाहिए।

घर के अनुसार निवेश से लाभ

राशिफल के अनुसार जानिए आपको किस क्षेत्र में निवेश करना चाहिए और किस क्षेत्र में नहीं करना चाहिए। यदि लग्नेश और योगकारक ग्रह के अनुसार निवेश किया जाए तो नुकसान की संभावना काफी कम हो जाती है।

लग्नानुसार सुझाव :

1. मेष राशि :

मेष : मेष राशि के स्वामी मंगल देव हैं।

निवेश : जमीन, मकान, खेती, दवा, वाहन बिक्री, खनिज, कोयला में निवेश करना चाहिए। (यदि मंगल अच्छी स्थिति में हो)

निवेश न करें : केमिकल, चमड़ा, लोहे से संबंधित कार्यों में निवेश न करें।

उपाय : मंगलवार के दिन आपको हनुमानजी के सामने सरसों के तेल का दीपक जलाना चाहिए।

2. वृषभ राशि:

वृषभ : **इस राशि का स्वामी शुक्र है।**

निवेश : अनाज, कपड़ा, चांदी, चीनी, चावल, सौंदर्य सामग्री, इत्र, दूध, प्लास्टिक, खाद्य तेल, ऑटो पार्ट्स, वाहन, कपड़े। भूमि, खनिज, कोयला, रत्न, सोना, चाँदी, इस्पात, कोयला, शैक्षणिक संस्थाएँ, चमड़ा, लकड़ी, वाहन, आधुनिक उपकरण, औषधियाँ, विदेशी औषधियों में निवेश न करें।

उपाय : पूर्णिमा के दिन चंद्रमा की रोशनी में घी का दीपक जलाना चाहिए।

3. मिथुन राशि

मिथुन : इस राशि का स्वामी बुध है। बुध व्यापार का ग्रह है।

निवेश : सोना, कागज, लकड़ी, पीतल, गेहूं, दालें, कपड़ा, स्टील, प्लास्टिक, तेल, सौंदर्य सामग्री, सीमेंट, खनिज, जानवरों से संबंधित उत्पाद, पूजा सामग्री, उपकरण आदि का व्यापार।

चांदी, चीनी, चावल, सूखे मेवे, कांसा, लोहा, इलेक्ट्रॉनिक्स, भूमि, सीमेंट, इत्र, केबल तार, वाहन, दवाइयां, पानी से संबंधित पदार्थों में निवेश न करें।

4. कर्क राशि:

कर्क : **कर्क राशि का स्वामी चंद्रमा है।**

निवेश : चांदी, चावल, चीनी और कपड़ा उत्पाद, प्लास्टिक, अनाज, लकड़ी, केबल, तार, फिल्म, खाद्यपदार्थ, आधुनिक उपकरण, खिलौने, वित्त कंपनियों का उत्पादन करनेवाली कंपनियों के शेयर।

जमीन, प्लॉट, मकान, दुकान, तेल, सोना, पीतल, वाहन, दुग्ध उत्पाद, पशु, रत्न, खाद, सीमेंट, दवाइयां और विदेशी दवा कंपनियों में निवेश न करें।

उपाय : भगवान गणेश को मोदक का भोग लगाएं।

5. लियो राशि :

लियो : **इस राशि का स्वामी सूर्य है।**

निवेश : सोना, गेहूं, कपड़ा, औषधियां, रत्न, सौंदर्य

सामग्री, इत्र, सुगंध शेयर और जमीन जायदाद में निवेश लाभकारी होता है। तकनीकी उपकरण, वाहन, सौंदर्यशास्त्र, फिल्म, प्लास्टिक, केबल तार, इलेक्ट्रॉनिक्स, कागज, खाद्यपदार्थ, लकड़ी और उससे बने उपकरण, सेना में आपूर्ति।

निवेश न करें : निवेश लाभ और हानि बराबर होता है।

उपाय : हनुमानजी के सामने चमेली के तेल का दीपक लगाएं।

6. कन्या राशि :

कन्या: कन्या राशि का स्वामी बुध है।

निवेश : शैक्षणिक संस्थान, सोना, दवाएँ, रसायन, उर्वरक, चमड़े का सामान, खेती, खेती के उपकरण।

भूमि, चांदी, सीमेंट, परिवहन, मशीनरी सामान, पशु और जलसंबंधी कार्यों में निवेश न करें।

उपाय : भगवान गणेश को लड्डुओं का भोग लगाएं।

7. तुला राशि:

तुला : **इस राशि का स्वामी शुक्र है।**

लोहा, सीमेंट, स्टील, फार्मास्यूटिकल्स, रसायन, चमड़ा, उर्वरक, कपड़ा, तार, स्टील, कोयला, रत्न, प्लास्टिक, आधुनिक उपकरणों (कंप्यूटर, कैमरा, टेलीविजन आदि) में निवेश करें, तेल में निवेश करें।

निवेश न करें : जमीन, मकान, खेती, कृषि उपकरण, कपड़ा आदि में निवेश करने से बचें।

उपाय : सूर्य को दूध का अर्घ्य दें।

8. वृश्चिक राशि:

वृश्चिक : इस राशि का स्वामी मंगल है।

निवेश : जमीन, मकान, दुकान, खेती, सीमेंट, रत्न, खनिज, खेती एवं चिकित्सा

उपकरण, पूजन सामग्री, कागज, कपड़ा आदि में निवेश से लाभ।

तेल, रसायन और तरल पदार्थों में निवेश न करें।

उपाय : मंगलवार के दिन हनुमानजी के सामने सरसों के तेल का दीपक जलाएं।

9. धनु राशि :

धनुः **इस राशि का स्वामी गुरु है। गुरु व्यापारियों `को लाभ पहुंचानेवाला ग्रह है।**

निवेश : आभूषण, रत्न, सोना, अनाज, कपास, चांदी, चीनी, चावल, दवाएं, सौंदर्य

उत्पाद, दूध उत्पाद, जानवरों का व्यापार।

तेल, रसायन, खनिज, खदान, कोयला, खाद्यतेल, किराना व्यापार, केबल तार, कांच, लकड़ी, जमीन, मकान, सीमेंट, लोहे के व्यापार में निवेश न करें।

उपाय : सरसों का तेल दान करें।

10. मकर राशि :

मकर : **इस राशि का स्वामी शनि है।**

निवेश : सभी प्रकार के लोहा, स्टील, केबल, तेल, खाद्यपदार्थ, इलेक्ट्रॉनिक्स सामान, उपकरण, खनिज, खेती के उपकरण, वाहन, चिकित्सा उपकरण, कपड़ा, इत्र, सुगंध, स्टील, सौंदर्य सामग्री, ग्लैमर वर्ल्ड, फिल्म, नाटक में निवेश करें।

जमीन, मकान, सीमेंट, सोना, चांदी, रत्न, पीतल, अनाज, कपड़ा आदि में निवेश न करें।

उपाय : शनि की वस्तुओं का दान करें।

11. कुंभ राशि :

कुंभ : इस राशि का स्वामी भी शनि है।

निवेश : लोहा, स्टील, केबल, तेल, सभी प्रकार के खाद्यपदार्थ, इलेक्ट्रॉनिक्स सामान, उपकरण, खनिज, कृषि उपकरण, वाहन, चिकित्सा उपकरण, कपड़ा, इत्र, सुगंध, स्टील, सौंदर्य सामग्री में निवेश, ग्लैमर वर्ल्ड, फिल्म, नाटक में निवेश करें वगैरह।

जमीन, मकान, सीमेंट, सोना, चांदी, रत्न, पीतल, अनाज, कपड़ा आदि में निवेश न करें।

उपाय : शनि की वस्तुओं का दान करें।

12. मीन राशि :

मीनः इस राशि का स्वामी गुरु है।

निवेश : आभूषण, रत्न, सोना, अनाज, कपास, चांदी, चीनी, चावल, दवाइयां, सौंदर्य उत्पाद, दूध उत्पाद, पशुओं से संबंधित उत्पादों के व्यापार में निवेश करें।

तेल, रसायन, खनिज, खदान, कोयला, खाद्य तेल, किराना व्यापार, केबल तार, कांच, लकड़ी, जमीन, मकान, सीमेंट, लोहे के व्यापार में निवेश न करें।

उपाय : दुर्गा चालीसा का पाठ करें।

आपको अपना पैसा शेयर बाज़ार में कब नहीं लगाना चाहिए?

जातक को अपनी कुंडली का विश्लेषण करके और यह जानकर की उसकी शुभ दशा चल रही है और ग्रह उच्च राशि के हैं तथा केंद्र और त्रिकोण में बैठे हैं, शेयर बाजार में निवेश करना चाहिए। लेकिन यदि इसके विपरीत दशा चल रही है तो निवेश न करें। यह भी देखने लायक होगा की, यदि आप पर शनि की साढ़ेसाती चल रही है। शनि शत्रु राशि, मेष राशि और चतुर्थ, अष्टम, द्वादश भाव में है तो जातक को आवश्यक पूंजी में निवेश करने से बचना चाहिए।

भाग – 31 : क्यों होता है नुकसान?

1. **क्यों होता है नुकसान : सिर्फ 2 कारण**

2. **अंक 8 नकारात्मक है :**

यदि आपके मोबाइल नंबर में अंक 8 अधिकतम बार आया है जैसे : 8800234828 या यह बार-बार आता है जैसे : 8882345800 या मोबाइल अंक का कुल योग 8 है। इसके अलावा आपको मानसिक तनाव, सिरदर्द, ऋण हानि, पारिवारिक समस्याएं आदि का सामना करना पड़ रहा है। इसका मतलब है की, आप दुर्भाग्य का सामना कर रहे हैं और आपको शेयर बाजार में निवेश नहीं करना चाहिए। ये अंक 8 के नकारात्मक प्रभावों की आह हैं। चिंता न करें, हमारे पास इसका समाधान है।

3. **अंक 4 नकारात्मक** :

यदि आपके मोबाइल नंबर में अंक 4 अधिकतम बार है जैसे : 9751542424 या यह बार-बार आता है जैसे : 9642520444 या मोबाइल अंक का कुल योग 4 है। इसके अलावा आपको मानसिक पीड़ा, मानसिक यातना, भय भी हो रहा है। अकेले रहना पसंद, पिता और बॉस के साथ गलतफहमियां, बड़ी क्रेडिट हानि। इसका मतलब है की, आप दुर्भाग्य का सामना कर रहे हैं और आपको शेयर बाजार में निवेश नहीं करना चाहिए। ये अंक 4 के नकारात्मक प्रभावों की आह हैं। चिंता न करें, हमारे पास इसका समाधान है।

- **जब लाभ होता है :** यदि नीचे दी गई 3 स्थितियाँ आपके अनुकूल हों, तो बड़ा लाभ होता है।
- जैसा की मैंने ऊपर कहा था, नंबर 8 नकारात्मक संकेत आपके साथ नहीं होना चाहिए।
- जैसा की ऊपर बताया गया है, आपके साथ नंबर 4 का नकारात्मक संकेत नहीं होना चाहिए।
- आपके मोबाइल नंबर में सकारात्मक क्रम में नंबर **3,4,6,8,9** हैं। यानी : **9063640080।** कई और क्रम भी संभव हैं। मैं आपको सलाह दे सकती हूं।

मेरे कहने का मतलब यह है की, यदि कुंडली में राहु अच्छा हो तभी शेयर बाजार में प्रयास करना चाहिए अन्यथा नुकसान हो सकता है। हम वैदिक स्कोर कुंडली की सहायता से आपका गुडलक मोबाइल नंबर डिज़ाइन कर सकते हैं।

मुझे वैदिक ज्योतिष और अंकज्योतिष दोनों में विशेषज्ञता हासिल है। यह मोबाइल नंबर अंकज्योतिष है। आप अपने प्रश्न टिप्पणियों में पूछ सकते हैं या प्रोफ़ाइल से संपर्क कर सकते हैं।

भाग – 32 : गरीबी से अमीरी तक

1. शेयर बाज़ार आपको गरीबी से अमीरी तक ले जा सकता है और इसके विपरीत भी। यह जन्म कुंडली के ग्रहों और योगों पर निर्भर करता है की, आप शेयर बाजार के माध्यम से कमाई करेंगे या नहीं। शेयर बाजार ज्योतिष की वह शाखा है जो शेयर बाजार की गतिविधियों से संबंधित है। आप यह निर्धारित कर सकते हैं की, आपका भाग्य सट्टेबाजी और अन्य शेयर बाजार गतिविधियों का समर्थन करता है या नहीं।
2. शेयर बाजार में निवेश करने से पहले किसी ज्योतिषी से सलाह लें।
3. शेयर बाज़ार, सट्टा, लॉटरी और अन्य सट्टा गतिविधियाँ हर किसी को शोभा नहीं देतीं। जन्म कुंडली में इनके लिए विशिष्ट योग होते हैं, जो व्यक्ति को शेयर बाजार में उत्कृष्ट बनाते हैं। हालाँकि, कभी-कभी नकारात्मक दशा और गोचर के कारण शेयर बाजार के माध्यम से लाभ का योग होने के बावजूद भारी नुकसान होता है। इसलिए, जब आप किसी को शेयर बाजार के माध्यम से बड़ी रकम खोते या जीतते हुए देखें, तो उसके भाग्य का आकलन न करें। यह अस्थायी हो सकता है।
4. शेयर बाजार ज्योतिष कुछ ऐसे संयोजनों की बात करता है जो शेयर बाजार में आपकी किस्मत तय कर सकते हैं। आइए ढूंढते हैं ।
5. शेयर बाजार में लाभ के लिए महत्वपूर्ण घर और ग्रह ।

भाग – 33- ग्रहों के साथ शेयर बाजार

वित्त ज्योतिष में, जो शेयर बाजार को कवर करता है, आपकी कुंडली के पांचवें, आठवें और ग्यारहवें घर में पड़नेवाले संकेतों का शेयर बाजार के लेनदेन पर प्रभाव पड़ता है। पाँचवाँ भाव शेयर बाज़ार का भाव है। आठवाँ भाव अचानक होनेवाली घटनाओं को दर्शाता है और ग्यारहवाँ भाव लाभ और इच्छाओं की पूर्ति को दर्शाता है। इन घरों में मजबूत ग्रहों के साथ व्यक्ति को शेयर बाजार के माध्यम से लाभ होता है।

ज्योतिषशास्त्र कहता है की, एक मजबूत पंचम भाव शेयर बाजार के माध्यम से लाभ देता है। लेकिन हमें यह बताने की जरूरत है की, जन्म कुंडली में आधिपत्य के साथ यह कौन सा ग्रह है। यदि कुंडली का पांचवां भाव कमजोर हो तो आकस्मिक लाभ नहीं होता है। ज्योतिष में राहु, शुक्र और चंद्रमा ग्रह शेयर बाजार में लाभ या हानि का संकेत देते हैं। यदि शेयर बाजार में लाभ के कारक ये ग्रह पंचम भाव पर अपनी दृष्टि डालते हैं तो शेयर बाजार से कमाई होने की प्रबल संभावना होती है।

जन्म कुंडली के अनुसार व्यापार का अनुमान लगाते समय बहुत सावधानी बरतने की आवश्यकता होती है, क्योंकि कारक ग्रहों के पहलू का विश्लेषण करते समय पांचवें घर में राशि या राशि चिन्ह मायने रखेगा। उदाहरण के लिए, यदि यह ग्रह के लिए शत्रु राशि है तो परिणाम सकारात्मक नहीं हो सकते हैं। बृहस्पति और बुध ग्रह शेयर बाजार लेनदेन से होनेवाले लाभ को भी प्रभावित करते हैं। जन्म कुंडली में मजबूत बृहस्पति और बुध शेयर बाजार में भारी लाभ देते हैं। पंचम भाव में बृहस्पति की उपस्थिति उसकी दृष्टि की तुलना में उतनी सहायक नहीं है।

शेयर बाजार में अशुभ ग्रह भी फल देते हैं। राहु और केतु उत्तम लाभ दिला सकते हैं। मजबूत बृहस्पति कमोडिटी बाजार के माध्यम से लाभ देता है। यदि आपकी जन्म कुंडली में बुध मजबूत है तो आप स्टॉक विश्लेषण में सफल हो सकते हैं और शेयर ब्रोकर बन सकते हैं। मजबूत राहु आपको शेयर बाजार का महानायक बनाता है।

कुंडली विश्लेषण में, विभिन्न अवस्थाओं जैसे दहन, प्रतिगामी और ग्रहों की ताकत के अन्य उपायों को समझना महत्वपूर्ण है। ये विभिन्न अवस्थाएं जातक के लिए विभिन्न परिणाम लेकर आती हैं। एक ज्योतिषी ग्रहों की ताकत का अनुमान लगाकर लाभ की मात्रा का अनुमान लगा सकता है। पांचवें घर में शुक्र के साथ सभी व्यक्तियों को समान मात्रा में लाभ नहीं होता है और यह जन्म कुंडली में शुक्र ग्रह की ताकत और संगति के आधार पर भिन्न होता है।

क्या मुझे अपनी जन्मतिथि के अनुसार शेयर बाज़ार में सफलता मिल सकती है?

आपकी जन्मतिथि आपके लिए सब कुछ है। आप जन्म कुंडली के माध्यम से जीवन के सभी चतुर्थांशों के बारे में जान सकते हैं और शेयर बाजार भी इससे अलग नहीं है। अपनी जन्म कुंडली में ऊपर बताए गए कारकों का विश्लेषण करने के बाद, आप निश्चित हो जाएंगे की क्या मुझे जन्मतिथि के अनुसार शेयर बाजार में सफलता मिल सकती है।

प्रत्येक व्यक्ति के लिए ग्रहों की एक विशिष्ट स्थिति होती है, जो अलग-अलग परिणामों का संकेत देती है। कुंडली विश्लेषण के बाद शेयर बाजार में सफलता की संभावना का पता लगाया जा सकता है।

यहां, यदि आपके पास मजबूत बुध है, तो आप अपने लिए बाजार से लाभ प्राप्त करने से बेहतर स्टॉक सलाहकार या वित्तीय सलाहकार हो सकते हैं। वे महान

व्यवसायी और अकाउंटेंट हो सकते हैं, उन्हें वित्तीय मामलों की अच्छी समझ होती है, लेकिन शेयर बाजार में निवेश से उन्हें कोई लाभ नहीं होता है।

शेयर बाज़ार में सफलता के उपाय

मजबूत राहु शेयर बाजार के माध्यम से सफलता लाता है। इसलिए अच्छे परिणाम प्राप्त करने के लिए कोई राहु बीज मंत्र - "ओम रां राहवे नमः" का जाप कर सकता है या राहु शांति पूजा कर सकता है। यदि उपयुक्त लगे तो किसी ज्योतिषी से सलाह लेकर हेसोनाइट रत्न धारण कर सकते हैं। हरा पन्ना शेयर बाजार के लिए भी सकारात्मक परिणाम लाता है।

बुधवार और शनिवार को आटे की छोटी-छोटी गोलियां बनाकर मछलियों को खिलाएं। इससे केतु ग्रह के अशुभ प्रभाव शांत होंगे और व्यक्ति को व्यापार और शेयर बाजार में सफलता मिलेगी।

भाग – 34 : शेयर बाजार में सफ़लता का राज !

1) किसी की कुंडली में ही होता है शेयर बाजार में सफ़लता का राज ! किसी की कुंडली में लाभ देनेवाले और हानि करनेवाले ग्रहों की उपस्थिति इस क्षेत्र में निर्णायक हो सकती है। जब आपकी कुंडली में लाभकारी ग्रहों की उपस्थिति की तुलना में हानिकारक ग्रहों की भूमिका अधिक महत्वपूर्ण हो जाती है, तो शेयर बाजार के ज्योतिषी से परामर्श करना अपरिहार्य हो जाता है। शेयर बाजार ज्योतिष में राहु बहुत महत्वपूर्ण भूमिका निभाता है। क्योंकि निवेशक की सफलता या असफलता में राहु निर्णायक कारक है।
2) किसी भी व्यक्ति की जन्म कुंडली में, दूसरा घर और उस घर का स्वामी धन को दर्शाता है। पांचवां घर और उसका स्वामी शेयर बाजार, शेयर व्यापार या लॉटरी के माध्यम से मुनाफ़े के लिए होता है। आठवां घर और उसका भगवान अचानक लाभ को दर्शाता है, जबकि नौवां घर और इसके भगवान को। दसवां घर और उसका स्वामी पेशे की भविष्यवाणी करता है, तो 11 वां घर और इसके स्वामी धन और लाभ के लिए होते हैं। जबकि छठे और 12 वें घर और उनके स्वामी नुकसान का अनुमान लगाते हैं।
3) तो फिर शेयर बाजार में मुनाफ़ा कमाने के लिए कुंडली में ग्रहों की स्थिति की कैसी हो?
4) 11 वें घर में केतु की उपस्थिति लॉटरी और व्यापार से धन लाती है।
5) यदि 8 वें घर का भगवान, केतु के साथ दूसरे घर में स्थित होता है, तो यह अचानक धन आने का संकेत होता है।
6) दूसरे, पांचवें और 11 वें घर के स्वामी का संयोजन शेयर बाजार में प्राकृतिक रूप से लाभ कमाने में मदद करता है।

7) दूसरे, चौथे, नौवें और 11 वें घर के स्वामी का हानिकर प्रभाव से दूर होना शेयर बाजार में सफलता का आश्वासन देता है।

8) द्वितीय भाव में मंगल और राहु की स्थिति और 11 वें भाव में बृहस्पति या शुक्र, शेयर ट्रेडिंग में अच्छे भाग्य को आमंत्रित करते हैं।

9) जब पांचवें और नौवें घर के स्वामी दूसरे, पांचवें, आठवें, नौवें और ग्यारहवें घर के स्वामी के संबंध में बनाते हैं तो धन योग बनता है।

10) दूसरे और 11 वें नंबर के स्वामियों का पांचवें और नौवें के स्वामी के साथ आदान-प्रदान स्टॉक ट्रेडिंग में उत्कृष्ट सफलता का संकेत देता है।

11) यदि दूसरे और 11 वें घर के स्वामी एक दूसरे के साथ अपनी राशियों की अदलाबदली करते हैं तो ये संकेत सफलता दिलाने वाला होता है।

12) यदि बृहस्पति उदीयमान हो और दूसरे, पाँचवें और नौवें घर के स्वामी के द्वारा चित्रित किया गया हो तो शेयर बाजार में भारी लाभ की उम्मीद की जा सकती है।

13) जन्म कुंडली में चन्द्र मंगल योग जब बनता है, तो चंद्र और मंगल के साथ राहु और बुध 11 वें घर में उपस्थित होता है, तो जातक को ट्रेडिंग में सफलता मिलती है।

14) बृहस्पति और राहु को तृतीयांश या चतुर्थांश में स्थित होने या दूसरे/तीसरे अंश के स्वामियों के संयोजन के कारण, व्यक्ति को शेयर बाजार में बड़े पैमाने पर सफलता मिल सकती है।

15) तो समझने वाली बात ये है की... चाहे कोई व्यक्ति किसी कंपनी के शेयरों की कीमतों में वृद्धि का विश्लेषण करे या फिर शेयर की कीमतों के प्रति लोगों के तकनीकी व्यवहार का विश्लेषण, दोनों के अपने फायदे हैं। लेकिन फिर भी, भविष्य में होनेवाली अनिश्चितताओं को समझना चुनौतीपूर्ण है। किसी स्टॉक की कुंडली और ज्योतिष का उपयोग आनेवाले

निकट समय में स्टॉक के प्रदर्शन के बारे में जानकारी देने में उपयोगी साबित हो सकता है। शेयर बाजार की भविष्यवाणी उन लोगों के लिए मददगार हो सकती है जो निवेश करना चाहते हैं। लेकिन इसका उपयोग फंडामेंटल और तकनीकी विश्लेषण के साथ-साथ करें तो ज्यादा बेहतर रहेगा। स्टॉक मार्केट्स के अस्थिर और संदेहास्पद पैटर्न पूरी दुनिया में काफी बदनाम हैं। हालांकि किसी स्टॉक को लेकर ज्योतिषीय भविष्यवाणी करना बहुत ही जटिल होता है। लेकिन किसी व्यक्ति की कुंडली का अध्ययन करके उसके लिए स्टॉक में ट्रेडिंग के लिए अनुकूल समय की गणना करना ज़रूर संभव है।

भाग – 35 : स्टॉक सूचकांक क्या होते हैं?

स्टॉक सूचकांक क्या होते हैं?

इंडेक्स बनाने के लिए स्टॉक एक्सचेंज में सूचीबद्ध कंपनियों से, कुछ समान स्टॉक एकसाथ जोड़े जाते हैं। वर्गीकरण कंपनी के आकार, उद्योग, मार्केट पूंजीकरण या अन्य श्रेणियों के आधार पर हो सकता है। सेंसेक्स 30 कंपनियों के शेयरवाला सबसे पुराना इंडेक्स है और फ्री-फ्लोट मार्केट कैपिटलाइज़ेशन में से कम से कम 45% का प्रतिनिधित्व करता है। निफ्टी में 50 कंपनियां और अपनी फ्री-फ्लोट मार्केट कैपिटल के लगभग 62% अकाउंट शामिल हैं। अन्य सेक्टर सूचकांकों में, जैसे बैंकेक्स, मार्केट कैप सूचकांक जैसे बीएसई मिडकैप या बीएसई स्मॉल कैप और अन्य शामिल हैं।

1) **ऑफलाइन ट्रेडिंग क्या है और ऑनलाइन ट्रेडिंग क्या है?**

ऑनलाइन ट्रेडिंग से तात्पर्य अपने ऑफिस या अपने घर पर बैठे इंटरनेटपर शेयर खरीदने और बेचने से है। आपको केवल अपने ट्रेडिंग अकाउंट में लॉग-इन करने की आवश्यकता होती है और आप शेयर खरीद और बेच सकते हैं। ऑफलाइन ट्रेडिंग में आपको अपने ब्रोकर के ऑफिस में जाकर या अपने ब्रोकर को टेलिफोन करके ट्रेडिंग करना होता है।

2) **शेयर मार्केट में ब्रोकर की भूमिका क्या है?**

ब्रोकर आपको अपनी खरीद और बेचने के ट्रेड को निष्पादित करने में मदद करता है। ब्रोकर आमतौर पर खरीदारों को बेचनेवाले और बेचनेवालों को खरीदनेवाले खोजने में मदद करते हैं। अधिकांश ब्रोकर आपको यह सलाह देते हैं की कौनसा स्टॉक खरीदना है, कौनसा स्टॉक

बेचना है और शुरुआत करनेवाले व्यक्तियों को शेयर मार्केट में पैसे कैसे निवेश करना है। इस सेवा के लिए, ब्रोकर को ब्रोकरेज का भुगतान किया जाता है।

3) क्या कोई भी शेयर मार्केट में शेयर खरीद और बेच सकता है?

कोई भी व्यक्ति जो अनुबंध में प्रवेश करने के लिए सक्षम हो, मार्केट में शेयर खरीद और बेच सकता है। इसके लिए आपको ब्रोकर के साथ ट्रेडिंग अकाउंट खोलना होता है और ट्रेडिंग अकाउंट खोलने के बाद आप स्टॉक मार्केट में शेयर खरीद और बेच सकते हैं।

4) ट्रेडिंग अकाउंट बनाम डीमैट अकाउंट?

दोनों के बीच एक महत्वपूर्ण अंतर है। ट्रेडिंग अकाउंट वह एकाउंट होता है जहां आप अपनी खरीद और बेचनेवाले ट्रेड को चलाते हैं। डीमैट अकाउंट वह एकाउंट होता है जहां आपके शेयर कस्टडी में रखे होते हैं। जब आप अपने ट्रेडिंग अकाउंट में शेयर खरीदते हैं, तो आपका बैंक अकाउंट डेबिट हो जाता है और आपका डीमैट अकाउंट क्रेडिट हो जाता है। जब आप शेयर बेचते हैं तो इसका उल्टा होता है।

5) ट्रेडिंग और निवेश का क्या मतलब है?

दोनों में मूलभूत अंतर यह है की ट्रेडिंग शेयरों की अल्पकालिक खरीद और बेचने को दर्शाता है, जबकि निवेश का अर्थ दीर्घकालिक होल्डिंग और शेयरों की खरीद है। एक ट्रेडर आमतौर पर किसी भी कंपनी के स्टॉक की कीमतों के अल्पकालिक इवेंट और मार्केट मूवमेंट के आधार पर पैसे को तेज़ी से चलाने की कोशिश करता है, जबकि निवेशक शेयर

मार्केट में अच्छा स्टॉक खरीदने की कोशिश करता है और समय के साथ स्टॉक की कीमत के बढने से लाभ की प्रतीक्षा करता है।

6) रोलिंग सेटलमेंट क्या है?

शेयर मार्केट पर निष्पादित प्रत्येक ऑर्डर को सेटल किया जाना चाहिए। खरीदारों को अपने शेयर मिलते हैं और विक्रेता को बिक्री की आय प्राप्त होती है। सेटलमेंट वह प्रक्रिया है जिसमें खरीदार अपने शेयर और विक्रेता अपना पैसा प्राप्त करते हैं। रोलिंग सेटलमेंट तब होता है जब सभी ट्रेड को दिन के अंत में सेटल करना होता है। दूसरे शब्दों में, खरीदार को अपनी खरीद के लिए भुगतान करना होता है और विक्रेता को शेयर मार्केट में एक दिन में बेचे गए शेयर प्रदान करना होता है। भारतीय शेयर मार्केट टी+2 सेटलमेंट को अपनाते हैं, जिसका मतलब है की ट्रांज़ैक्शन एक दिन में पूरे हो जाते हैं और इन ट्रेड का सेटलमेंट उस दिन से दो कार्य दिवसों के भीतर पूरा होना चाहिए। हालांकि, वर्तमान में टी +1 को चरणों में अपनाया जा रहा है।

7) सेबी क्या है?

सेबी भारतीय प्रतिभूति और विनिमय बोर्ड को निर्दिष्ट करता है। क्योंकि विदेशी मुद्रा बाज़ार में अंतर्निहित जोखिम होती हैं, इसलिए मार्केट के नियामक की आवश्यकता होती है। सेबी को इस शक्ति के साथ प्रदान किया जाता है और बाजारों को विकसित करने और विनियमित करने की जिम्मेदारी दी गई है। इसके मूल उद्देश्यों में निवेशक के हितों की सुरक्षा, शेयर मार्केट विकसित करना और इसके कार्य को विनियमित करना शामिल हैं।

8) **क्या इक्विटी मार्केट और डेरिवेटिव मार्केट एक और समान हैं?** इक्विटी मार्केट और डेरिवेटिव मार्केट दोनों ही स्टॉक मार्केट का हिस्सा हैं। यह अंतर ट्रेड किए गए प्रोडक्ट में निहित होता है। इक्विटी मार्केट शेयर और स्टॉक में डील करता है जबकि डेरिवेटिव मार्केट फ्यूचर्स और ऑप्शन्स (एफ़ अँड ओ) में डील करता है। एफ़ अँड ओ मार्केट इक्विटी शेयर जैसी अंतर्निहित एसेट पर आधारित होता है।

9) **मूलभूत और तकनीकी विश्लेषण क्या है?**

मूल विश्लेषण कंपनी के बिज़नेस, इसकी वृद्धि संभावनाओं, इसकी लाभप्रदता, इसके क़र्ज़ आदि को समझने के बारे में होता है। तकनीकी विश्लेषण चार्ट और पैटर्न पर अधिक ध्यान केंद्रित करता है और भविष्य में लागू करने के लिए पिछले पैटर्न खोजने की कोशिश करता है। मूल विश्लेषण का इस्तेमाल निवेशकों द्वारा अधिक किया जाता है जबकि व्यापारियों द्वारा तकनीकी विश्लेषण का इस्तेमाल अधिक किया जाता है।

10) **शेयर मार्केट में न्यूनतम इन्वेस्टमेंट**

कोई न्यूनतम इन्वेस्टमेंट की आवश्यकता नहीं है क्योंकि आप कंपनी का 1 शेयर भी खरीद सकते हैं। इसलिए अगर आप रु. 100/- के मार्केट प्राइस के साथ स्टॉक खरीदते हैं और आप सिर्फ 1 शेयर खरीदते हैं, तो आपको बस रु. 100 इन्वेस्ट करने की आवश्यकता है। बेशक, ब्रोकरेज और विधिक शुल्क अतिरिक्त होगा। जीएसटी, स्टाम्प ड्यूटी और एसटीटी जैसे वैधानिक शुल्क केंद्र या राज्य सरकार द्वारा लगाए जाते हैं। ये भुगतान ब्रोकर को नहीं मिलते हैं।

ब्रोकर बस इन्हें आपकी ओर से एकत्रित करता है और इसे सरकार के साथ जमा करता है।

11) कंपनियां लिस्टिंग का विकल्प क्यों चुनती हैं?

1. फंड जुटाने में आसानी
2. ब्रांड की छविमें सुधार होता है।
3. मौजूदा शेयर को लिक्विडेट करना आसान होता है।
4. पारदर्शिता और नियामक की निगरानी के माध्यम से दक्षता लागू करता है।
5. लिक्विडिटी बढ़ती है और क्रेडिट की योग्यता भी बढ़ जाती है।

12) स्टॉक सूचकांक के मार्केट के वजन की गणना कैसे की जाती है?

1. चरण - 1

इंडेक्स में प्रत्येक स्टॉक की कुल मार्केट कैपिटल की गणना

कंपनी की कुल फ्री-फ्लोट मार्केट कैपिटल सार्वजनिक रूप से ट्रेड किए गए शेयरों की कुल संख्या से गुणा की जाएगी।

2. चरण -2

सभी स्टॉक की कुल मार्केट कैपिटल की गणना

इंडेक्स की कुल मार्केट कैपिटल की गणना करने के लिए, इंडेक्स में शामिल सभी कंपनियों की मार्केट कैप को जोड़ा जा सकता है।

3. चरण – 3 इंडिविजुअल मार्केट वेट की गणना

एक कंपनी का स्टॉक इंडेक्स के मूल्य को कितना प्रभावित करता है यह जानने के लिए व्यक्तिगत मार्केट वजन की गणना करना महत्वपूर्ण है।

4. आप कुल इंडेक्स मार्केट कैप द्वारा व्यक्तिगत स्टॉक की फ्री-फ्लोट मार्केट कैप को विभाजित करके व्यक्तिगत मार्केट वजन प्राप्त कर सकते हैं। तार्किक रूप से, मार्केट का वजन जितना अधिक होगा, उसके स्टॉक की कीमत में उतना ही अधिक प्रतिशत बदलाव इंडेक्स के मूल्य को प्रभावित करेगा।

13. **भारत में शेयर मार्केट के पारंपरिक तंत्र के बारे में जानने के लिए कुछ बातें इस प्रकार हैं –**

1. ट्रेडिंग मेकेनिज्म

भारत में अधिकांश ट्रेडिंग बॉम्बे स्टॉक एक्सचेंज (बीएसई) (BSE) और नेशनल स्टॉक एक्सचेंज (एनएसई) (NSE) पर की जाती है। इन दोनों स्टॉक एक्सचेंज में ऑनलाइन इलेक्ट्रॉनिक लिमिट ऑर्डर बुक के माध्यम से ट्रेडिंग की जाती है। इसका मतलब है की खरीद और बिक्री के ऑर्डर ट्रेडिंग कंप्यूटर के माध्यम से मैच किए जाते हैं। भारतीय स्टॉक मार्केट ऑर्डर-चालित होता है, जहां खरीदार और विक्रेता अनाम रहते हैं, जो सभी निवेशकों को अधिक पारदर्शिता प्रदान करते हैं। ब्रोकर के माध्यम से ऑर्डर दिए जाते हैं, जिनमें से अधिकांश रिटेल निवेशकों को ऑनलाइन शेयर ट्रेडिंग सर्विसेज़ प्रदान करते हैं।

2. मर्जर के प्रकार

कभी कभी, शेयर मार्केट में प्रमुख कंपनियों के मर्जर होते हैं। विभिन्न प्रकार के मर्जर निम्नलिखित हैं -

3. हॉरिजॉन्टल मर्जर

एक हॉरिजॉन्टल मर्जर का अर्थ यह होता है की, जब दो प्रतिस्पर्धी कंपनियां, जो समान प्रोडक्ट या सेवाएं प्रदान करती हैं, तब स्केल की अर्थव्यवस्थाओं से लाभ उठाने के उद्देश्य से साथ आती हैं। क्षैतिज मर्जरों का मुख्य उद्देश्य लागत को कम करना, प्रतिस्पर्धा को कम करना, दक्षता बढ़ाना और मार्केट को नियंत्रित करना होता है।

4. वर्टिकल मर्जर

एक वर्टिकल मर्जर समान आपूर्ति श्रंखला के साथ संचालित कंपनियों के बीच होता है; जैसे की बिज़नेस के प्रोडक्शन और डिस्ट्रीब्यूशन प्रोसेस में शामिल कंपनियां। वर्टिकल मर्जर का उद्देश्य उच्च गुणवत्ता नियंत्रण, आपूर्ति श्रंखला की जानकारी का बेहतर प्रवाह, अधिक लाभ और लागत को कम करना होता है।

5. कॉग्नेटिव मर्जर

कॉग्नेटिव य मर्जर एक ही उद्योग की कंपनियों, लेकिन विभिन्न बिज़नेस लाइनों के साथ, के बीच होते हैं। यह मर्जर या तो प्रोडक्ट लाइन या संबंधित मार्केट का विस्तार करता है। ऐसे मर्जर का उद्देश्य उत्पाद एवं सेवाओं का विस्तार, बाज़ार मे बड़ा हिस्सा और अधिकतम लाभ प्राप्त करना होता है।

6. कंग्लोमरेट मर्जर

एक कंग्लोमरेट मर्जर में विभिन्न व्यवसायवाले असंबंधित उद्योगों से 2 या उससे अधिक कंपनियां शामिल होती हैं।

एक शुद्ध कंग्लोमरेट मर्जर में ऐसी कंपनियां शामिल होती हैं जो पूरी तरह से असंबंधित होती हैं और कोई ओवरलैप नहीं होता है।

एक मिश्रित कंग्लोमरेट मर्जर में ऐसी कंपनियां शामिल होती हैं जो प्रोडक्ट लाइनों या लक्ष्य बाजारों का विस्तार करना चाहती हैं।

7. रिवर्स मर्जर

रिवर्स मर्जर को रिवर्स टेकओवर (आरटीओ) (RTO) के रूप में भी जाना जाता है। यह तब होता है जब किसी पब्लिक कंपनी को प्राइवेट कंपनी के साथ मिलाया जाता है। रिवर्स मर्जर ने बड़ी प्राइवेट कंपनियों को आईपीओ के बिना जनता के बीच जाने में मदद की है। हालांकि, इसमें निवेशक के लिए कुछ जोखिम होता है क्योंकि कंपनियों को सूचीबद्ध होने से पहले कठोर आईपीओ (IPO) जांच का सामना नहीं करना होता है।

भाग – 36 - शेयर मार्केट की मूल बातें

1. **शेयर मार्केट की मूल बातें साझा करें !**

हम सभी समझते हैं की, मार्केट की बोलचाल की भाषा में शेयर एक कंपनी में आंशिक स्वामित्व हैं। इसलिए अगर किसी कंपनी ने 100 शेयर जारी किए हैं और आपके पास 1 शेयर है, तो आपके पास कंपनी में 1% भागीदारी है। शेयर मार्केट वह मार्केट है जहां विभिन्न कंपनियों के शेयर ट्रेड किए जाते हैं।

2. **प्राथमिक बाजारों और माध्यमिक बाजारों के बीच अंतर**

जब कोई कंपनी शुरुआती सार्वजनिक ऑफर (आईपीओ) (IPO) के साथ आती है तो इसे प्राथमिक मार्केट कहा जाता है। आईपीओ का सामान्य उद्देश्य शेयर मार्केट में स्टॉक को सूचीबद्ध करना होता है। शेयर सूचीबद्ध होने और खरीदने के बाद, यह माध्यमिक मार्केट में आगे ट्रेडिंग शुरू करता है।

3. **मार्केट में शेयर की कीमत कैसे दी जाती है और मूल्य निर्धारित कौन करता है?**

मार्केट मांग और आपूर्ति के सामान्य नियमों के अनुसार शेयर की कीमत निर्धारित करता है। आमतौर पर, जब कंपनी तेजी से बढ़ रही होती है या यह बहुत अच्छा लाभ कमा रही होती है या नया ऑर्डर प्राप्त कर रही होती है, तो शेयर की कीमतें बढ़ जाती हैं। चूंकि स्टॉक की मांग होने पर

अधिक इन्वेस्टर अधिक कीमतों पर स्टॉक खरीदना चाहते हैं और इस प्रकार कीमत बढ़ जाती है।

कंपनियों को बड़े प्रोजेक्ट लेने के लिए पैसे की आवश्यकता होती है। वे इसे बॉन्ड जारी करके उठाते हैं और बॉन्ड होल्डर को प्रोजेक्ट पर किए गए लाभों के माध्यम से पुनर्भुगतान किया जाता है। बॉन्ड एक प्रकार के फाइनेंशियल इंस्ट्रूमेंट होते हैं जहां कई निवेशक कंपनियों को पैसे देते हैं।

भाग – 37 अंक और स्टॉक मार्केट

इन अंकों के लोग लगाएं स्टॉक मार्केट में पैसा !

1. कुछ खास अंकों के जातक के लिए इन दिनों स्टॉक मार्केट में पैसे डालना बेहद फायदेमंद है। लेकिन सवाल ये है की ये अंक पता कैसे करें...? तो जैसा की हमने आपको बताया इन अंकों की गणना व्यक्ति के डेट ऑफ़ बर्थ के आधार पर की जाती है। ऐसे में...
2. यदि आपके डेट ऑफ़ बर्थ की गणनाओं का कुल योग 1, 10, 19, 20, 28 है, तो आप स्टॉक मार्केट में इन्वेस्ट कर सकते हैं।
3. इसके अलावा अगर आपकी डेट ऑफ़ बर्थ की गणनाओं का योग 4, 6, 13, 15, 22, 24, 31 है, तो आप सिल्वर और SIP's में इन्वेस्ट करें।
4. और यदि आपकी डेट ऑफ़ बर्थ की गणनाओं का योग 3, 7, 9, 12, 16, 18, 21, 25, 27, 29, 30 है, तो आप गोल्ड या हेल्थ रिलेटेड स्टॉक्स में इन्वेस्ट कर सकते हैं।
5. अंक और शेयर मार्केटिंग राजीव रंजन व्यक्ति अपने मूलांक, भाग्यांक और नामांक के आधार पर अनुकूल कंपनी का चयन करके शेयर मार्केटिंग में सफलता प्राप्त कर सकता है। व्यक्ति अपने नामांक, मूलांक और भाग्यांक की तरह ही कंपनी का मूलांक, भाग्यांक तथा नामांक निकालकर मैत्रीचक्र के आधार पर उनके संबंधों का निर्णय करके लाभप्रदता की स्थितियों का निर्णय व निर्माण कर सकता है।
6. इन अंकों के मध्य अधिक शत्रुतापूर्ण संबंध आर्थिक हानि को दर्शाते हैं। और यदि इन अंकों के मध्य एक से अधिक संबंध हों तो व्यक्ति को इस कंपनी के शेयरों से न तो अधिक लाभ होगा और न ही अधिक हानि। किसी भी कंपनी में निवेश करने से पूर्व यह अवश्य देख लें की कंपनी का नामांक

आपके अनुकूल हैं या नहीं। इसके अतिरिक्त अंकशास्त्र में विभिन्न उद्योगों पर अलग-अलग अंकों का आधिपत्य स्वीकार किया गया है।

7. जातक को अपने मूलांक तथा भाग्यांक से मैत्री रखनेवाले औद्योगिक क्षेत्रों में ही निवेश करना चाहिए, जबकि जिन अंकों से शत्रुता हो, उन क्षेत्रों में निवेश करने से बचना चाहिए। इसी प्रकार आईपीओ निकलने की तारीख का भी अपने भाग्यांक से मिलान कर लें की, वह अनुकूल है या नहीं। उदाहरण के लिए भारती नाम की कंपनी की अंग्रेजी की स्पेलिंग के अनुसार उसका नामांक 6 बनता है। अतः इस अंक के साथ यदि आपके नामांक का मेल होता है तभी इस कंपनी में निवेश का निर्णय लें अन्यथा आपको हानि की संभावना रहेगी।

www.ingramcontent.com/pod-product-compliance
Lightning Source LLC
LaVergne TN
LVHW041230150826
845673LV00008B/2331

* 9 7 9 8 8 9 3 6 3 1 3 4 0 *